발음·어휘·문법을 겸한 초급부터 완성까지

현대 新 실용중국어 상

개정판

저자약력

장영(張暎)

전북대 중어중문학과
성균관대 중어중문학 석사
성균관대 중어중문학 박사
대만국립사범대학 수학
중국사회과학원 문학연구소 방문학자
한국중문학회 부회장
서해대 중국어통역과 교수
서해대 관광레저과 교수(현)
전북외국어통번역자원봉사회 이사(현)

저서

≪史记≫ (까치, 공저, 1995)
≪京本通俗小说≫역주 (지영사, 1998)
중국어회화 간체자 및 기초어휘 연습 (학문사, 1999)
전북관광중국어 (신아출판사, 2002)
반만년의 숨결1 (진흥출판사, 공저, 2002)
반만년의 숨결2 (아사히출판사, 공저, 2003)
베스트 현대중국어문법 (송산출판사, 2004)
반만년의 숨결3 (아사히출판사, 공저, 2004)
반만년의 숨결4 (아사히출판사, 공저, 2005)
베이징 여행중국어 (신아출판사, 2005)
출국부터 바로 통하는 BEST 여행중국어 (송산출판사, 2006)
『三言』20选 译注 (송산출판사, 2011)
한 권으로 끝내는 신HSK 문법 (송산출판사, 2011)
중국어 발음 및 HSK사용한자 연습 (송산출판사, 2012)
현대 신실용중국어기초1, 2 (송산출판사, 2013, 2014)
新HSK공략 실전모의고사 해설서1, 2급 (송산출판사, 2015)
현대 新실용중국어 상, 하 (송산출판사, 2019)

논문

당·송대의 시·사를 통해 본 "은자"의 성격고 (1990) 중국문학연구 8집
≪京本通俗小说≫研究 (1994) 성균관대 박사논문
논 "발적변태"소설 (1997) 중국천진 사회과학 92집
과거제도에 대한 중국지식인의 의식변화고찰 (1997) 군산전문대학 20집
『三言』을 통해 본 중국고대유민의 의식고찰(2000) 중국인문과학19집
〈蒋兴哥重会珍珠衫〉에 보이는 明代 客商의 애정윤리관에 관한 고찰(2010) 중국인문과학 46집
〈闲云庵阮三偿冤债〉를 통해 본 明代 婚姻观念에 관한 고찰(2016) 서해대학 39집 등 다수

발음·어휘·문법을 겸한 초급부터 완성까지

현대 新 실용중국어 상 개정판

인 쇄 일 2019년 2월 14일
발 행 일 2019년 2월 27일

저 자 장 영 편저
발 행 인 윤우상
총 괄 윤병호
책임편집 최다연
발 행 처 송산출판사
주 소 서울특별시 서대문구 통일로 32길 14
전 화 (02) 735-6189
팩 스 (02) 737-2260
홈페이지 http://www.songsanpub.co.kr
등록일자 1976년 2월 2일. 제 9-40호

ISBN 978-89-7780-248-3 14720
978-89-7780-250-6 14720 (세트)

발음·어휘·문법을 겸한 초급부터 완성까지

현대 新 실용중국어 상

개정판

장 영 편저

송산출판사

개정판 서문

본서를 가지고 현장에서 강의를 한 지 벌써 5년이 지났다. 그간 학습자의 용이성·소통성·실용성을 최우선으로 집필하였으나, 강의 중 여러 학습자들이 본서에서 느끼는 불편한 점을 여러 가지 지적해 주셨다. 이에 수정 또는 보완의 필요성을 절감하고 있던 차에 출판사의 도움으로 개정판을 낼 수 있었다. 수정 또는 보완한 부분을 개략해 보면 아래와 같다.

첫째, 책의 이름 변경이다. 본서는 발음부터 회화편 총 25과로 구성되어 있다. 그 구성을 보면 인사·소개 등 사적이고 친숙한 화제, 요일·시간·장소 등 일상생활의 화제, 식당·여행·건강 등 친숙한 공공시설 또는 사회적 화제 등 초중급 수준까지 망라하고 있다. 따라서 이러한 본서의 구성요건을 볼 때, '기초'란 명칭은 적합하지 않아 빼고, 초중급 수준 완성의 의미로 '상'과 '하'란 명칭을 사용하였다.

둘째, 본서에서 학습하는 어휘량 역시 초중급 수준의 분량이다. 보통 외국어 학습에서 초급 수준은 약 1천 개, 중급 수준은 약 2천 개, 고급 수준은 약 3천 개 정도의 어휘를 학습용 어휘의 표준으로 하고 있다. 본서에는 3,370개의 어휘(상권 어휘 260개·보충어휘 797개, 하권 어휘 428개·보충어휘 1886개)가 수록되어 있다. 즉 어휘면에서도 초중급 수준을 구비하고 있어, 본서를 잘 학습한다면 중국에서의 일상생활과 여행 중에 만나는 상황에서 중국인과 정확하고 유창하게 의사소통할 수 있다.

셋째, 글자 크기가 좀 작아 학습자들에게 불편을 주었으나, 전체적으로 크기를 크게 조정하고 어휘와 도안 부분 등도 재편집하여, 시각적인 부분을 보완하였다.

넷째, '12과 一共多少钱?'부분을 제5과로 앞부분에 위치하도록 하여, 일상생활과 밀접한 부분을 좀 일찍 학습하여 실용성을 높이고자 하였다.

다섯째, 학습자의 듣기 학습을 용이하도록 하기 위해, 원어민 녹음 음원파일을 다운로드할 수 있도록 책 표지에 방법을 명기하였다.

본서가 학습자들에게 더욱 다가갈 수 있도록 고견을 주신 학습자들에게 지면으로 라마 감사를 드리며, 다시 한번 본서가 학습자들의 좋은 길잡이가 되길 기대한다.

끝으로 본서를 새로운 결실의 책으로 일신할 수 있도록 배려해 주신 윤우상 사장님과 편집하는데 애써 주신 편집부 식구들에게도 재차 감사의 인사를 드린다.

2019년 2월

오룡동 연구실에서

편저자 장 영

머리말

중국과의 교류가 다양하게 이루어짐에 따라, 요즘은 중·장년층 학습자를 비롯하여 여러 분야의 은퇴자들도 중국어 학습에 열중이다. 그러나 이들 중에는 중국어 발음이 어렵다는 선입견을 가지고 있어 중도하차하는 경우가 종종 있다. 따라서 본인은 장기간의 현장경험을 토대로, 어떠한 학습자라도 중국어를 쉽고 정확하게 구사할 수 있는 교재를 만들기 위해 노력하여 왔다. 그리하여 이 책을 출판하게 되었다.

따라서 이 책은 중국어를 처음 접하는 입문자부터 실용중국어를 단기간에 정확하고 유창하게 구사하고자 하는 학습자들뿐만 아니라 기초 문법과 필수 어휘를 더욱 향상시키고자 하는 학습자를 위한 것이다.

이 책의 구성은 발음편과 회화편 2부로 이루어져 있다. 먼저, 제1부 발음편에서는 입문자라면 어느 연령층을 막론하고 가장 쉽고 자신감있게 정확한 발음을 습득하도록 구성하였다. 제2부 회화편은 총25과로 구성되었고, 책의 분량을 고려하여 1권은 제1과부터 제12과까지, 2권은 제13과부터 제25과까지로 구분하여 엮었다. 즉 25개의 상황을 설정하여, 단기간에 기초적이며 실용적인 회화를 완성할 수 있도록 하였다. 그래서 매 과에서는 먼저 새 단어를 배치하고, 이어 본문에서는 상황과 관련된 여러 대화문을 제시하였고, 이어 해설, 문법, 보충어휘를 종합적으로 서술하여 학습효과를 극대화하였으며, 끝으로 연습문제를 통해 그 활용에 한발 더 가까이 가고자 하였다.

외국어학습은 “一分耕耘，一分收获。(뿌린 대로 거둔다)”란 말과 같이, 어떤 지름길이 없으며, 끈기와 인내심을 가지고 애써 노력해야만 그 목표를 달성할 수 있다. 아무쪼록 이 책이 중국어를 처음 접하는 학습자에게 좋은 길잡이가 될 수 있기를 바라며, 부족한 부분은 여러분들의 고견을 기다린다.

끝으로 출간될 수 있도록 기회를 주신 윤우상 사장님과 편집을 애써 도와주신 편집부 식구들에게도 깊은 감사를 드린다.

2013년 12월 30일

편저자 장 영

目次

중국지도

영하회족자치구
우루무치
신강위구르자치구
감숙성
내몽고자치구
흑룡강성
하얼빈
길림성
장춘
연길
심양
후허트시
하북성
요녕성
북경
대련
천진
연태
위해
태원
식가장
은천
청해성
서녕
난주
제남
산서성
산동성
서안
정주
서장자치구
섭서성
하남성
강소성
합비
남경
상해
사천성
라싸
무한
호북성
안휘성
항주
성도
중경
남창
절강성
장사
강서성
귀주성
복주
호남성
운남성
귀양
복건성
대만
곤명
광서장족자치구
광동성
남녕
광주
심천
마카오
홍콩
해남성

I 발음편

1 중국개관

1) 중국왕조의 변천

尧舜(B.C. 24세기 ~ B.C. 21세기) - 夏(B.C. 21세기 ~ B.C. 17세기) - 商(=殷 B.C. 17세기 ~ B.C. 11세기) - 周(B.C. 11세기 ~ B.C. 256, 西周·东周/孔子) - 春秋(B.C. 770 ~ B.C. 477)·全国(B.C. 476 ~ B.C. 221)时代 - 秦(B.C. 249 ~ B.C. 221통일 ~ B.C. 202) - 西汉(B.C. 202 ~ A.D. 8) - 新(8 ~ 25) - 东汉(25 ~ 220) - 三国(220 ~ 280, 魏[曹操, 220 ~ 265]·蜀汉[刘备, 221 ~ 263]·吴[孙权, 222 ~ 280]) - 西晋(265 ~ 316) - 东晋(317 ~ 420) - 南北朝(439 ~ 589, 南朝: 宋·齐·梁·陈/北朝: 北魏 선비족·东魏·西魏 ·北齐·北周) - 隋(581 ~ 618, 선비족) - 唐(618 ~ 907, 선비족) - 五代(907 ~ 960, 后梁·后唐·后晋·后汉·后周) - 辽(907 ~ 1125, 거란족) - 北宋(960 ~ 1127) - 金(1115건국 ~ 1234, 여진족) - 南宋(1127 ~ 1279) - 元(1235건국 ~ 1271통일 ~ 1368, 몽고족) - 明(1368 ~ 1644) - 清(1616 ~ 1644통일 ~ 1911, 만주족) - 中华民国(1912 ~ 1948) - 中华人民共和国(1949 ~ 현재)

2) 중화인민공화국(中华人民共和国)

(1) 건국 : 1949년 10월 1일

(2) 면적 : 960만㎢ (한반도의 약 44배, 남한의 97배)로, 세계 3위(1위 러시아, 2위 캐나다, 4위 미국)

(3) 인구 : 약 14억

(4) 민족 : 56개 다민족국가(한족[총 인구의 92%] + 55개 소수민족)

(5) 행정구역 : 크게 省(23개)·自治区(5)·直辖市(4)·特别行政区(2)·수도 북경(北京)으로 구성

① 하북(河北)구역 : 北京市(京)·天津市(津)·河北省(冀, 石家庄市)·山西省(晋, 太原市)·内蒙古自治区(内蒙古, 呼和浩特市)

② 동북(东北)구역 : 辽宁省(辽, 沈阳市)·吉林省(吉, 长春市)·黑龙江省(黑, 哈尔滨市)

③ 화동(华东)구역 : 上海市(沪)·江苏省(苏, 南京市)·浙江省(浙, 杭州)·安徽省(皖, 合肥市)·福建省(闽, 福州市)·江西省(赢, 南昌市)·山东省(鲁, 济南)

④ 중남(中南)구역 : 河南省(豫, 郑州市)·湖北省(鄂, 武汉市)·湖南省(湘, 长沙市)·广东省(粤, 广州市)·海南省(琼, 海口市)·广西壮族自治区(桂, 南宁市)

⑤ 서남(西南)구역 : 重庆市(渝)·四川省(川 혹은 蜀, 成都市)·贵州省(贵 혹은 黔, 贵阳市)·云南省(云 혹은 滇, 昆明市)·西藏自治区(藏, 拉萨)

⑥ 서북(西北)구역 : 陕西省(陕 혹은 秦, 西安市)·甘肃省(甘 혹은 陇, 兰州市)·青海省(青, 西宁市)·宁夏回族自治区(宁, 银川)·新疆维吾尔自治区(新, 乌鲁木齐市)

⑦ 특별행정구 : 홍콩(香港), 마카오(澳门)

(6) 한자수 : 한대(汉代)의 허신(许慎)이 쓴 중국 최초의 자전(字典) ≪설문해자(说文解字)≫(100년)에는 9,353자의 한자가 나오며, 후대의 사전은 시간이 갈수록 더 많은 글자를 수록하고 있다. 청대(清代)의 ≪강희자전(康熙字典)≫(1726년)에는 47,035자, 현대의 ≪한어대자전(汉语大字典)≫(1990년)에는 54,678자가 수록되어 있으며, 현재 한자의 총수는 약 5만 6천여 자로 알려져 있다.

(7) 현대중국어 통용한자 : 7,000자(1988년, ≪现代汉语通用字表≫ 중국정부 공포)

(8) 현대중국어 상용한자 : 3,500자(1988년, ≪现代汉语常用字表≫ 공포)

(9) 전통명절 : 元旦(신정, 양력 1월 1일)·春节(설날, 음력 1월 1일)·元宵节(음력 정월 보름, 15일)·清明节(청명절, 양력 4월 5일 전후)·端午节(단오절, 음력 5월 5일)·七桥节(七夕, 음력 7월 7일)·中秋节(추석, 음력 8

월 15일)·重阳节(음력 9월 9일)

(10) 국가명절 : 妇女节(부녀절, 3월 8일)·劳动节(노동절, 5월 1일)·儿童节(어린이날, 6월 1일)·教师节(교사의 날, 9월 10일)·建军节(중국군 건군기념일, 8월 1일)·国庆节(건국기념일, 10월 1일)

2 중국어(中国语)의 의미

1) 중국어

'중국어'란 '중국인의 언어(약 129개)'라는 의미로서, 한족의 언어뿐만 아니라, 55개 소수민족 고유의 언어까지도 포함하는 말이다.

2) 한어(汉语)

(1) 한어의 의미

중국에서는 총 인구의 92% 정도를 차지하는 한족의 언어를 특히 '한어'라 하여 다른 소수민족의 언어와 구별하고 있다. 한어에는 많은 방언이 있으나, 크게 7개의 방언으로 분류한다. 방언의 차이는 어음방면에서 가장 차이가 나 서로 말이 전혀 통하지 않는 정도이며, 그 다음은 어휘방면이며, 어법상의 차이는 비교적 적다.

(2) 한어의 종류

① 북방(北方)방언 : 北京语가 대표적이다. 사용인구는 약 8억 명(한족 총인구의 70% : 동북·화북·서북·서남·江淮지역)

② 오(吴)방언 : 上海语가 대표적이다. 사용인구는 약 1억 명(한족 총인구의 8.4% : 江苏·浙江지역)

③ 상(湘)방언 : 长沙语가 대표적이다. 사용인구는 약 6천만 명(한족 총인구의 5% : 호남지역 대부분)

④ 감(赣)방언 : 南昌语가 대표적이다. 사용인구는 약 2천5백만 명(한족 총인구의 2.4% : 강서 일대와 호북 동남지역)

⑤ 객가(客家)방언 : 梅县语가 대표적이다. 사용인구는 약 5천만 명(한족 총인구의 4% : 广东 동북부·广西·福建 서부와 북부·강서 남부·대만)

⑥ 민(闽)방언 : 복주어가 대표적이며 福建语·厦门语·台湾语 등이 있

다. 사용인구는 약 5천만 명(한족 총인구의 5% : 广东 潮山지역·海南·台湾)명이며, 전 세계의 화교들이 민방언을 가장 많이 사용한다.

⑦ 월(粤)방언 : 广东语라고도 하며, 공주어가 대표적이다. 사용인구는 약 6천만 명(한족 총인구의 5% : 광서 대부분 홍콩·마카오)

3) 보통화(普通话, pǔtōnghuà)

14세기에는 화중(华中)·화북(华北) 지방에 직업·계층과는 관계없이 두루 통용되는 공통어가 있었으며, 이를 '중원아음(中原雅音)'이라고 하였다. 원·명대에 걸쳐 현재의 중국 남서부가 식민지로 급속히 개발되면서 이 공통어는 운남성·귀주성·광서장족자치구 등 각 지방에도 보급되었기 때문에, 청말(清末)에는 전 국토의 3분의 2지역에 의사소통이 가능한 공통어가 통용되었으며, 이를 '관화(官话)'라고 일컬었다.

1912년 중화민국(中华民国)이 건국된 후, 정부가 독음통일주비회(读音统一筹备会)를 발족시켜 표준발음의 보급에 나서자 공통어의 통용범위는 더욱 넓어졌으며, 이를 '국어(国语)'라고 칭하였다.

1949년 중화인민공화국 정부가 수립된 후 언어의 통일화와 표준화를 거국적으로 추진하였다. 그리하여 1955년 중국 전국 문자개혁회의와 현대어 규범문제 학술회의에서 민족 공통어 표준을 확정하였고, 이에 따르는 광범한 '보통화(普通话)' 정의와 기초를 세웠다. 즉 '보통화'는 '현대의 보통 사람들이 하는 말'로 표준어를 의미한다. 초등학교부터 고등학교까지 의무교육을 실시하며, 방송에서도 보급에 힘써, 현재는 대부분의 중국인들이 보통화를 이해하고 말할 수 있다. 현재 이 '보통화'를 대만에서는 '국어', 우리나라는 '중국어'라고 칭한다.

(1) 보통화의 정의

① 현대의 북경어음(北京语音)을 표준음으로 하고,

② 북방방언(北方方言)을 기초어휘로 하며,

③ 전형적인 현대 백화(白语)저작을 문법규범으로 한다.

(2) 북경어를 기초로 한 이유

① 배우기 쉽다. (북경어는 다른 방언에 비해 자모의 종류가 적다.)

② 전국에서 익혔다. (辽에서 清까지 역대왕조와 중국 수도로서 900여 년 동안 정치문화 중심지로 전국적으로 왕래가 많았다.)

③ 사용범위가 넓다. (东北지역에서 西南지역에 이르기까지 광범위하다.)

④ 일반 민중에 많은 영향을 끼쳤다. (三国志演义, 水浒传, 西游记, 红楼梦, 金瓶梅, 儒林外史 등 명·청 이래 수많은 백화소설들이 북경어에 가까운 어투로 쓰였다.)

(3) 간체자(简体字)

현재 중국대륙에서 사용하는 汉字는 우리나라에서 사용하는 한자와 아주 다른 모양으로, 간체자(简体字)라고 부른다. 이는 중화인민공화국(中华人民共和国)이 성립된 후, 중국문자개혁위원회(中国文字改革委员会)에 의해 1955년 '제 1차 이체자정리표(异体字整理表)'로서 제정된 것이 그 시초이다. 그 후 같은 해 '한자간화방안(汉字简化方案)'의 초안을 발표하여 널리 일반의 의견을 들었다. 그 결과 1956년 '한자간화방안'이 정식으로 발표되어 514자의 간체자와 54개의 간화된 변(边)과 방(旁)이 채용되었다. 그 뒤 1959년까지 네 번의 연구발표를 거쳐 1964년에 '간화자총표(简化字总表)'로 최종 정리되었다. 그 내용은 간화편방(简化偏旁)의 사용범위 등을 상세하게 정하고, 상용간체자(常用简体字)로서 2,238자(편방으로도 사용되는 132자 포함)가 정해진 것이다. 이전부터 사용되어 오던 전통적인 한자는 "번체자(繁体字)"라고 불리며 현재 우리나라·대만 등지에서 사용하고 있다.

3 중국어음의 특성

1) 어음의 성질

(1) 생리적 성질

① 호흡기관 : 폐, 기관(气管), 기관지로 이루어져 있다. 기관은 기류의 통로로서, 폐→기관→후두→성대→구강·비강의 순으로 기류가 이동한다.

② 발성기관 : 후두와 성대로 이루어져 있다. 즉 성대를 진동시켜 소리를 내게 하는 부분으로, 중국어의 모음이 소리나는 기관이다.

③ 조음(造音)기관 : 인강(咽腔)·후강(喉腔)·구강(口腔)·비강(鼻腔) 등의 소리를 공명시키는 네 개의 부분과 입술·혀·입천장 등의 소리를 세분시키는 세 개의 부분으로 이루어져 있다. 중국어의 자음이 소리나는 기관이다.

(2) 물리적 성질 : 사람의 성대가 진동하여 발생하는 음성은 네 가지 성질을 갖추고 있다.

① 音高(음의 높낮이) : 중국어의 성조와 밀접하다. 소리의 높낮이는 음파의 진동수에 의해 결정되며, 진동수의 다소는 발음체의 길이·두께·긴장상태와 관계가 있다. 라틴어·슬라브 계통의 언어에서는 의미를 변별하지 않으나, 중국어에서는 그 의미가 완전히 다르다.

② 音强(음의 세기) : 음파 진동폭의 대소가 소리의 강약을 결정하며, 영어와 관계가 밀접하다. 북을 세게(약하게)치면, 소리가 강하게(약하게) 된다.

③ 音长(음의 길이) : 중국어에는 음장이 의미를 변별하는 기능은 없으며, 한국어와 관계가 밀접하다.

④ 音色(음질) : 모든 언어에서 음색은 음파가 진동하는 형식에 의해 결정된다. 또한 음파가 진동하는 형식은 발음체, 발음방법, 공명기관의 형태에 의해서 결정된다. 이 세 가지 중 하나라도 달라지면 음색은 달라진다. 즉, 발음체는 성대의 진동여부로 차이난다. 발음방법은 동일한

기관내의 送气(강한 입김)·不送气(약한 입김)로 차이가 나며, 불어에서는 이것으로 의미를 구별하지 않으나, 중국어에서는 완전히 구별된다. 또한 발음시 공명기 모양의 차이는 구강이 크게 혹은 작게 열렸느냐 차이로 구별된다.

2) 어음의 구성

(1) 음소(音素)와 음절(音节) : 음소는 음절의 최소단위이며, 음절은 음성의 최소단위이다. 중국어에는 32개의 음소와 408개의 음절이 있다.

예

단위	예	갯수
단어	学习	1
음절	xué(学) · xí(习)	2
음소	x · u · e · i	4

(2) 음절의 구성 : ① 성모(声母) ② 운모(韵母) ③ 성조(声调) 세 가지 요소로 구성되어 있다.

3) 어음의 발음부호(发音符号)

(1) 한어병음(汉语拼音) : 1958년 중화인민공화국에서 제정한 중국어 로마자 표음방법이다. 한어병음자모는 중국어의 음절을 표기하는 기본 자모(字母)로서, 26개의 로마자로 구성되어 있다.
(2) 주음부호(注音符号) : 1918년 중국 교육부에서 제정 공포한 중국어음 표기법으로, 한자의 획 일부를 변형하여 만들었으며, 40개의 자모로 되어 있다. 현재 대만에서만 사용하고 있다.

4 성모(声母, 21개)

성모는 공기로 입안에서 두 기관의 접촉이나 마찰을 받아야 비로소 정확한 발음을 낼 수 있으니, 발음할 때 반드시 발음부위와 방법에 주의해야 한다.

〈声母表〉

발음방법 / 발음부위	색음(塞音)		색찰음(塞擦音)		찰음(擦音)	비음(鼻音)	변음(边音)	전음(颤音)	결합 모음
	무기(无气)	유기(有气)	무기(无气)	유기(有气)					
쌍순음(双唇音)	b(ㅃ) 뽀어	p(ㅍ) 포어				m(ㅁ) 모어			+o
순치음(唇齿音)					f(ㅍ˚) 포어				+o
설첨음(舌尖音)	d(ㄸ) 뜨어	t(ㅌ) 트어				n(ㄴ) 느어	l(ㄹ) 르어		+e
설근음(舌根音)	g(ㄲ) 끄어	k(ㅋ) 크어			h(ㅎ) 흐어				+e
설면음(舌面音)			j(ㅈ) 지	q(ㅊ) 치	x(ㅅ) 시				+i
권설음(卷舌音)			zh (즈˚)	ch (츠˚)	sh (스˚)			r (르˚)	
설치음(舌齿音)			z (쯔˚)	c (츠˚)	s (쓰˚)				

〈주의 1〉

① 푸른색 발음(7개)은 우리나라에는 없는 발음이니 특히 주의해야 한다.

② 붉은색 발음 m, n, l과 푸른색 발음 r(4개)은 유성음(성대가 진동하는 음)이며, 나머지 17개 발음은 무성음이다.

③ 무기음(无气音)은 약한 입김의 음이며, 유기음(有气音)은 강한 입김의 음이다.

발음방법

1) 쌍순음

(1) b(o): 양 입술을 붙였다가 갑자기 떼면서 공기를 약하게 내보내며, '뽀어'라고 발음한다. 이때 성대를 진동시키지 않는다.

㉼ bā, bō

(2) p(o): 'b(o)'발음과 같으나, 공기를 강하게 내보내며, '포어'라고 발음한다. 이때 성대를 진동시키지 않는다.

㉼ pā, pō

(3) m(o): 'b(o)'발음과 같으나, 성대를 울리면서 약한 비음으로 '모어'라고 발음한다.

㉼ mā, mō

2) 순치음

(4) f(o): 윗니를 아래 입술의 안쪽에 살짝 댔다 떼면서, 그 틈으로 공기를 마찰시켜 내보내며, '포어'라고 발음한다. 이때 성대를 진동시키지 않으며 영어의 'f'음과 같다. (fine)

㉼ fā, fēn

3) 설첨음

(5) d(e): 혀끝을 윗잇몸 안쪽에 살짝 댔다 떼면서, 그 틈으로 공기를 약하게 내보내며 '뜨어'라고 발음한다. 이때 성대를 진동시키지 않는다.

㉼ dā, dū

(6) t(e): d(e)발음과 같으나, 공기를 강하게 내보내며 '트어'라고 발음한다. 이때 성대를 진동시키지 않는다.

㉥ tā, tū

(7) n(e): d(e)발음과 같으나, 콧소리로 '느어'라고 발음한다. 이때 약한 비음으로 성대를 진동시킨다.

㉥ nā, nū

(8) l(e): 혀끝을 세워 입천장 앞쪽에 살짝 댔다가 떼면서, 공기를 혀의 양쪽으로 내보내며, 성대를 울려 '르어'라고 발음한다.

㉥ lū, lēng

4) 설근음

(9) g(e): 혀뿌리를 목젖부분에 댔다가 떼면서, 공기를 약하게 내보내며 '끄어'라고 발음한다. 이때 성대를 진동시키지 않는다.

㉥ gā, gōng

(10) k(e): g(e)발음과 같으나, 공기를 강하게 내보내면서 '크어'라고 발음한다. 이때 성대를 진동시키지 않는다.

㉥ kā, kēng

(11) h(e): 혀뿌리를 목젖부분에 접근시켜, 공기를 그 틈으로 마찰시키며 '흐어'라고 발음한다. 이때 성대를 진동시키지 않는다.

㉥ hā, hēi

5) 설면음

(12) j(i): ("이"하고 입을 양옆으로 당기고) 혀끝은 윗니 안쪽에, 혓바닥 앞부분은 앞 입천장에 살짝 붙였다가 떼면서, 그 틈으로 공기를 약하게 마찰시켜 내보내며 '지'라고 발음한다. 이 때 성대를 진동시키지 않는다.

㉥ jiā, jiān

(13) q(i): 'j'와 같은 방법이나, 공기를 강하게 마찰시켜 내보내며 '치'라고 발음한다. 이때 성대를 진동시키지 않는다.

㊎ qiān, quē

(14) x(i): ("이"하고 입을 양옆으로 당기고) 혓바닥 앞부분을 입천장에 접근시키되 붙이지는 말고, 공기로 그 틈을 마찰시켜 내보내며 '시'라고 발음한다. 이때 성대를 진동시키지 않는다.

㊎ xiē, xū

〈주의 2〉 설면음 'j, q, x'는 'i'와 'ü'로 시작된 운모와만 결합한다. 그래서 'ü'와 결합시 'ju, qu, xu'로 표기하며, 발음은 '쥐, 취, 쉬'로 읽는다.

㊎ 全聚德(Quánjùdé)

6) 권설음

(15) zh: (혀를 약간 뒤로 빼며) 혀끝은 살짝 말아 올려 경구개 앞쪽에 살짝 댔다가, 약간 떼면서 그 틈으로 공기를 마찰시켜 내보내며, '즈'라고 발음한다. 이 때 성대를 진동시키지 않는다.

㊎ zhū, zhuī

(16) ch: 'zh'와 같은 방법이나, 공기를 강하게 마찰시켜 내보내며 '츠'라고 발음한다. 이때 성대를 진동시키지 않는다.

㊎ chū, chuān

(17) sh: (혀를 약간 뒤로 빼며) 혀끝은 살짝 말아 올려 경구개 앞쪽에 접근시키되 붙이지는 말고, 공기를 그 틈으로 마찰시켜 내보내며, '스'라고 발음한다. 이때 성대를 진동시키지 않는다.

㊎ shū, shuō

(18) r: 'sh'와 같은 방법이나, 성대를 진동시키면서 '르'라고 발음한다.

㊎ rū, rūn

7) 설치음

(19) z: (입을 양옆으로 당긴 상태에서) 혀를 뒤로 빼어, 혀끝을 윗니 뒤쪽에 살짝 댔다가, 입을 양옆으로 세게 당김과 동시에 혀끝을 약간 떼면서 그 틈으로 공기를 마찰시켜 내보내며, '쯔'라고 발음한다. 이때 성대를 진동시키지 않는다.

㉮ zī, zēng

(20) c: 'z'와 같은 방법이나, 공기를 강하게 마찰시켜 내보내며, '츠'라고 발음한다. 이때 성대를 진동시키지 않는다.

㉮ cī, cān

(21) s: (입을 양옆으로 당긴 상태에서) 혀를 뒤로 빼어, 혀끝을 윗니 뒤쪽에 접근시키되 붙이지는 말고, 입을 양옆으로 세게 당김과 동시에 그 틈으로 공기를 마찰시켜 내보내며, '쓰'라고 발음한다. 이때 성대를 진동시키지 않는다.

㉮ sī, sāng

〈주의 3〉 권설음 4개와 설치음 3개의 자음은 단독으로 음절을 이룰 수 있다. 이 때 발음표기시 성조 표시를 위해 모음 'i'를 덧붙여야 한다. 따라서 발음부호 'zhi, chi, shi, ri, zi, ci, si'의 'i'는 묵음이므로 발음하지 않는다.

5 운모(기본운모16개, 결합운모20개)

운모의 발음은 ① 혀의 위치(앞뒤, 높낮이) ② 입술의 모양에 의해 결정된다.

〈韵母表〉

운모별 \ 음별		单韵母				复韵母				附声(声随)韵母				卷舌韵母
						+i		+u		+n		+ng		
开口音		a (아)	o (오어)	e (으어)	e (에)	ai (아이)	ei (에이)	ao (아오)	ou (어우)	an (안)	en (언)	ang (앙)	eng (엉)	er (얼)
	结 合 韵 母 (20개)													
齐齿音	i (yi) (이)	ia (ya) (이아 /야)			ie (ye) (이에 /예)			iao (yao) (이아오 /야오)	iu (you) (이어우 /여우)	ian (yan) (이엔 /옌)	in (yin) (인)	iang (yang) (이앙 /양)	ing (ying) (잉)	
合口音	u (wu) (우)	ua (wa) (우아 /와)	uo (wo) (우어 /워)			uai (wai) (우아이 /와이)	ui (wei) (우에이 /웨이)			uan (wan) (우안 /완)	un (운) wen (원)	uang (wang) (우앙 /왕)	ong (옹) weng (웡)	
撮口音	ü (yu) (위)				üe (yue) (위에)					üan (yuan) (위엔)	ün (yun) (윈)		iong (yong) (이옹 /용)	

〈주의 4〉

① 붉은색 부호의 발음은 불규칙 발음이다. (4개)
② '/ '표의 발음은 같은 발음이나, 왼쪽은 자음과 결합시 발음이고, 오른쪽은 단독 표기시 발음(압축발음)이다. (13개)
③ 푸른색 부호의 발음은 불규칙 표기 발음이다. (8개)
④ 괄호를 하지 않은 것은 단독표기와 자음 결합시 서로 다른 발음이다. (2개)

발음방법

1) 단운모

(1) a: 입을 크게 벌리고, 혀의 위치는 가장 낮게 해서 '아'라고 발음한다.

(2) o: 입을 반쯤 벌리고 입술은 둥글게 하며, 혀는 중간위치로 해서 '오어'라고 발음한다. 실제로 이 발음은 제 소리값을 내지 못하고, '어' 또는 '오어'에 가깝게 들린다.

(3) e: 입을 반쯤 벌리고 혀는 중간 위치로 해서 '으어'라고 발음한다.

(4) e: 입술을 약간 안쪽으로 끌어 당겨서 '에'라고 발음한다.

(5) i (齐齿音): 입은 조금 벌리고, 입술은 편평하게 당기고 길게 '이'라 고 발음한다. 단음절로 쓰일 때는 'yi'로 표기한다.

(6) u (合口音): 입을 조금 벌리고 입술을 둥글게 앞으로 내밀며 '우'라 고 발음한다. 단음절로 쓰일 때는 'wu'로 표기한다.

(7) ü (撮口音): 입술을 작고 동그랗게 오므리고 앞으로 내밀며 '위'라고 발음한다. 단음절로 쓰일 때는 'yu'로 표기한다. 설면음인 'j, q, x'와 결합하여 쓰일 때는 'ü' 의 윗점을 생략하여 'u'로 표기한다.

2) 복운모

(8) ai: 앞의 'a'는 강하고 길게, 뒤의 'i'는 약하고 짧게 '아이'라고 발음한다.

(9) ei: 앞의 'e'는 강하고 길게, 뒤의 'i'는 약하고 짧게 '에이'라고 발음한다.

(10) ao: 앞의 'a'는 강하고 길게, 뒤의 'o'는 약하고 짧게 '아오'라고 발음한다.

(11) ou: 앞의 'o'는 강하고 길게, 뒤의 'u'는 약하고 짧게 발음한다. 그러나 '오우'라고 발음하지 않고 '어우'라고 발음해야 한다.

3) 부성운모

(12) an: 혀끝을 윗잇몸에 붙이면서 앞의 'a'는 강하게 뒤의 콧소리 'n' 은 약하게 '안'하고 발음한다.

(13) en: 'an'과 같은 발음요령으로 '언'하고 발음한다.

(14) ang: 혀뿌리를 연구개에 붙인 채, 앞의 'a'는 강하게 뒤의 콧소리 'ng' 는 약하게 '앙' 하고 발음한다.

(15) eng: 'ang'과 같은 발음요령으로 '엉' 하고 발음한다.

4) 권설운모

(16) er: 먼저 혀끝을 입천장에 올려 '어(e)'음을 내다가, 이어 혀끝을 입천장에 붙이지 말고 목구멍 쪽으로 당기면서 '(ㄹ)r'음을 발음하여 '얼-'하면 된다. 'er'만으로 음절을 구성할 수 있다.

㊄ 二 èr, 耳 ěr

5) 제치음의 결합운모

(17) ia(ya): 앞의 'i'는 약하게 뒤의 'a'는 강하게 '이아(자음과 결합시)/야(단독표기시)'라고 발음한다.

(18) ie(ye): 앞의 'i'는 약하게 뒤의 'e'는 강하게 '이에/예'라고 발음한다.

(19) iao(yao): 앞뒤의 'i, o'는 짧고 약하게, 중간의 'a'는 강하게 '이아오/야오'라고 발음한다.

(20) iu(you): 앞뒤의 'i, u'는 짧고 약하게, 중간의 'o'는 강하게 '이어우 / 여우'라고 발음한다.

(21) ian(yan): 앞뒤의 'i, n'는 짧고 약하게, 중간의 'a'는 강하게 발음한다. 그러나 '이안'이라고 발음하지 않고 '이엔 / 엔'이라고 발음해야 한다.

(22) in(yin): 앞의 'i'는 강하게, 뒤의 'n'은 약하게 '인'이라고 발음한다.
(23) iang(yang): 앞뒤의 'i, ng'는 짧고 약하게, 중간의 'a'는 강하게 '이앙/양'이라고 발음한다.
(24) ing(ying): 앞의 'i'는 강하게, 뒤의 'ng'는 약하게 '잉'이라고 발음한다.

6) 합구음의 결합운모

(25) ua(wa): 앞의 'u'는 짧고 약하게, 뒤의 'a'는 길고 강하게 '우아/와'라고 발음한다.
(26) uo(wo): 앞의 'u'는 짧고 약하게, 뒤의 'o'는 길고 강하게 '우어/워'라고 발음한다.
(27) uai(wai): 앞뒤의 'u, i'는 짧고 약하게, 중간의 'a'는 길고 강하게 '우아이/와이'라고 발음한다.
(28) ui(wei): 앞뒤의 'u, i'는 짧고 약하게, 중간의 'e'는 강하게 '우에이/웨이'라고 발음한다.
(29) uan(wan): 앞의 'u, n'는 짧고 약하게, 중간의 'a'는 강하게 '우안/완'이라고 발음한다.
(30) un(wen): 앞에 성모가 오면 '운'이라고 발음한다. 단독표기 시는 앞뒤의 'u, n'은 짧고 약하게, 중간의 'e'는 강하게 '원'이라고 발음한다.
(31) uang(wang): 앞뒤의 'u, ng'는 짧고 약하게, 중간의 'a'는 강하게 '우앙/왕'이라고 발음한다.
(32) ong(weng): 앞에 성모가 오면 '옹'과 '웅'의 중간음에서 약간 '옹'에 가깝게 발음한다. 단독표기 시는 '웡'이라고 발음한다.

7) 촬구음의 결합운모

(33) üe(yue): 앞의 'ü'는 강하게, 뒤의 'e'는 짧고 약하게 '위에'라고 발음한다.

(34) üan(yuan): 앞뒤의 'ü, n'는 짧고 약하게, 중간의 'a'는 강하게 발음한다. 그러나 '위안'이라고 발음하지 않고 '위엔'이라고 발음해야 한다.

(35) ün(yun): 앞의 'ü'는 강하게, 뒤의 'n'는 약하게 '윈'이라고 발음한다.

(36) iong(yong): 앞에 성모가 오면 '이옹'과 '이웅'의 중간음에서 '이옹'에 가깝게 발음한다. 단독표기 시는 '용'과 '융'의 중간음에서 '용'에 가깝게 발음한다.

EXERCICE

1. 다음 운모를 우리말로 읽으시오. (58개)

weng, yao, iu, you, e, ün, ua, ei, ao, u, an, ian, ang, üan, er, eng, i, ia, ong, wu, iang, yu, yuan, iao, yue, a, yong, ie, ing, yun, wang, ou, ai, uo, yang, in, uai, ui, ye, wai, uan, wen, uang, yi, iong, yan, u, en, wei, wa, üe, wan, wo, un, ying, o, ya, yin

6 성조(声调)

중국어는 같은 발음이라도 음높이의 변화가 있는데, 이를 성조라고 한다. 중국어의 성조는 그 뜻의 차이를 말하므로, 발음에 있어 절대로 소홀히 해서는 안 될 중요한 요소이다. 성조가 있게 된 이유는 한자에 비해 그 음절수가 매우 적기 때문이다. 성모(21개)와 운모(36개)를 모두 조합해 보면, 음절이 400여 개 정도이므로 자연히 같은 음절의 한자가 많을 수밖에 없다. 예를 들어, 한자의 수를 4만 자로 치더라도 이론적으로 평균 100자 정도의 동음이의자(同音异义字)가 있을 수 있으며, 일상적인 통용한자를 6,400여 자라고 한다면, 16개의 동음이의자가 있게 된다. 그로 인해 언어생활에서 생길 수 있는 혼란을 부분적으로 완화시키는 역할을 할 수 있는 것이 바로 성조이다. 즉 4개의 성조가 16개의 동음이의자를 4분의 1로 줄여 뜻을 분명히 전달하는 역할을 하게 된다. 이것이 바로 성조가 생겨난 배경이다. 성조의 구별은 특별한 법칙이 없이 습관적으로 임의적으로 결정된 것이므로 하나하나 외우는 수밖에 없다.

1) 4성

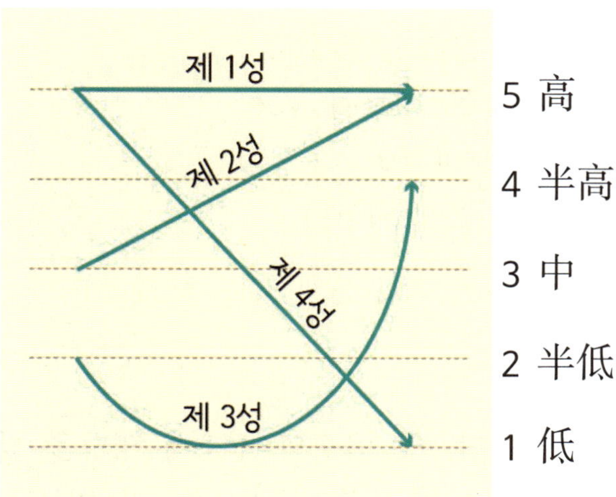

방언에 따라서 성조의 종류와 형이 다르나, 표준어(북경관화)에는 기본적으로 4종류의 음높이의 변화가 있는데, 이를 4성이라고 부른다. 같은 발음이라 하더라도 성조에 따라 각기 그 뜻이 달라진다. 따라서 이를 정확하게 발음하지 않으면 상대방에게 통하지 않는 경우가 있으므로, 중국어 학습의 피할 수 없는 하나의 관문이다.

(1) 제1성(→): 높고 고르게 (5→5) ㉄ 妈 mā (엄마)
(2) 제2성(↗): 낮은데서 급하게 상승한다. (3→5) ㉄ 麻 má (삼)
(3) 제3성(↘↗): 낮게 내려왔다가 서서히 상승한다. (2→1→4) ㉄ 马 mǎ (말)
(4) 제4성(↘): 높은데서 급하게 내려간다. (5→1) ㉄ 骂 mà (욕하다)
㉄ 师 shī(스승), 十 shí(열), 史 shǐ(역사), 是 shì(~이다)

2) 성조의 표시

(1) 모음이 하나만 있을 때는 그 모음 위에 부호를 표시한다 : nǐ, wǒ, mā
(2) 모음이 두 개 이상일 경우
① a가 있으면 a 위에 붙인다 : biǎo, chǎo, jiào
② a가 없으면 e나 o 위에 붙인다 : shéi, qióng, yuè
③ ui는 i, iu는 u 위에 표시한다 : guì, suī, jiù
(3) 'i'위에 성조를 붙여야 할 경우에 위의 '·'은 생략한다.

3) 경성(轻声)

중국어의 각 음절에는 고유의 성조가 있지만, 앞 음절의 성조에 영향을 받아, 뒤의 음절이 고유의 성조를 잃고 가볍고 짧게 발음되는 경우가 있는데, 이를 경성이라고 한다. 경성이 되는 경우는 일반적으로 접미사, 각종 조사,

동음(同音)이 중첩된 명사나 동사의 둘째 음절, 방위사, 일부 습관적인 단어 등이다. 이러한 경성은 흔히 4성 속에 포함시키지 않으며, 한어병음에는 아무 표시도 하지 않는다.

(1) 경성으로 발음하는 경우

① 접미사(们·子·头·么 등)

㊀ 我们 wǒmen 石头 shítou

② 조사(어기: 吗·啊·吧·呢 / 결구: 的·地·得 / 시태: 了·着·过)

㊀ 好吗 hǎoma 我的 wǒde

③ 동음(同音)이 중첩된 명사, 동사의 둘째 음절

㊀ 爸爸 bàba 看看 kànkan

④ 동의(同义), 반의(反义) 병렬에 의한 단어의 둘째 음절

㊀ 道路 dàolu 东西 dōngxi

⑤ 방위사(里·上)

㊀ 家里 jiāli 桌子上 zhuōzishang

⑥ 일부 습관적인 단어

㊀ 学生 xuésheng 先生 xiānsheng

⑦ '不·一·没'이 중복되는 동사(형용사) 중간에 끼일 때

㊀ 好不好 hǎobuhǎo 看一看 kànyikàn

⑧ 방향보어(上·来·去·起来·下去·来着 등)

㊀ 回来 huílai 走进去 zǒujinqu

(2) 경성은 짧게 발음되나, 앞의 성조에 따라 그 높낮이가 다르다.

① 제1성 + 경성: 2도의 높이

② 제2성 + 경성: 3도의 높이

③ 제3성 + 경성: 4도의 높이

④ 제4성 + 경성: 1도의 높이

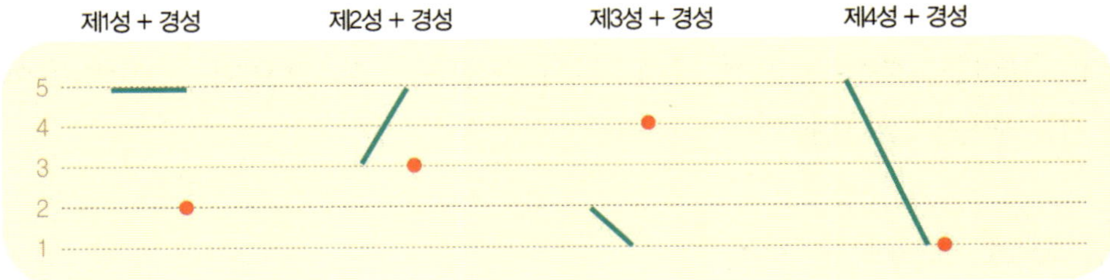

예 妈妈 māma　　爷爷 yéye　　奶奶 nǎinai　　爸爸 bàba
哥哥 gēge　　学生 xuésheng　　姐姐 jiějie　　妹妹 mèimei

4) 성조의 변화

두 개 또는 두 개 이상의 음절이 연속되어 발음될 때, 성조가 변화를 일으키는 경우가 있는데, 일정한 규칙이 있다.

(1) 제3성의 성조변화

(3성이 본래의 성조대로 읽힐 때는 ① 단독으로 쓰일 때 ② 문미에 놓일 때이다.)

① 3성이 둘 이상 겹칠 때 앞의 3성은 2성으로 변한다.

예 3성 + 3성: 你好 níhǎo　水果 shuíguǒ
3성 + 3성 + 3성: 洗脸水 xíliánshuǐ　我给你 wógéinǐ

② 1·2·4성 및 경성이 뒤에 올 때 앞의 3성은 반3성이 된다. 반3성은 후반부 상승부분을 발음하지 않는 것이다.

예 3성 + 1성 : 老师 lǎoshī　北京 běijīng
3성 + 2성 : 好人 hǎorén　语言 yǔyán
3성 + 4성 : 晚饭 wǎnfàn　考试 kǎoshì
3성 + 경성: 奶奶 nǎinai　手巾 shǒujin

예외 小姐 xiáojie　可以 kéyi

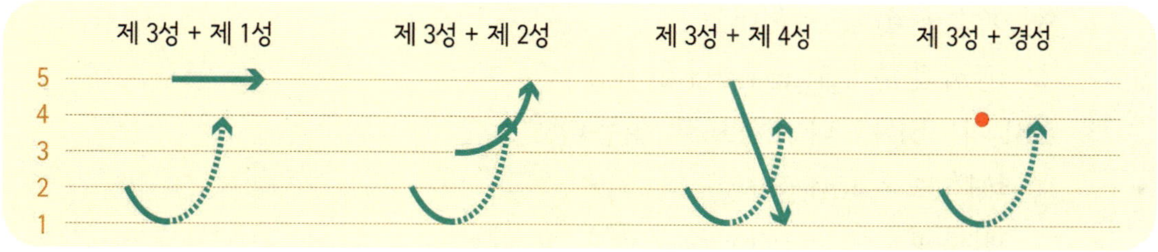

老师 lǎoshī　　好人 hǎorén　　晚饭 wǎnfàn　　奶奶 nǎinai

(2) '一'(yī)의 성조변화

('一'자가 본래의 성조대로 읽힐 때는 ① 단독으로 쓰일 때 ② 문미에 놓일 때임)

본래 1성이지만 1·2·3성 앞에서는 4성으로 변하고, 4성 앞에서는 2성으로 변한다.

예 一 + 1성 : 一般(yìbān)　　一天(yìtiān)
　一 + 2성 : 一同(yìtóng)　　一条(yìtiáo)
　一 + 3성 : 一百(yìbǎi)　　一点(yìdiǎn)
　一 + 4성 : 一课(yíkè)　　一共(yígòng)

(3) '七(qī)·八(bā)·不(bù)'의 성조변화: 4성 앞에서는 2성으로 변한다.

예 七 + 4성 : 七号(qíhào)
　八 + 4성 : 八号(báhào)
　不 + 4성 : 不在(búzài), 不去(búqù)

(4) 중첩식 형용사의 성조변화

① AA식: 일부 단음절 형용사는 중첩하여 부사어로 쓰이는 경우가 있는데, 구어에서는 보통 2음절이 儿化가 되면서 원래의 성조에 관계없이 제 1성으로 변한다.

예 好 hǎo → 好好儿 hǎohāor
　慢 màn → 慢慢儿 mànmār

② AABB식: 두 번째 A는 경성으로, BB는 원래의 성조대로 또는 다 1성으로 읽는다.

㉦ 老老实实 láolaoshíshí
  清清楚楚 qīngqingchūchū

③ ABB식: BB는 다 1성으로 읽는다.

㉦ 热腾腾 rètēngtēng
  明晃晃 mínghuānghuāng

7 '儿(er)' 화운의 변화

음절의 마지막에 혀끝을 말아 올려 발음하는 운모이다. '儿' 화운은 북경을 중심으로 동북지방에서 많이 사용하고 있는 것으로, 북방 방언의 한 특징이다. 낱말 뒤에 '儿' 자를 붙여서 발음하는데, 이로 인하여 어조가 부드럽다. 명사나 동사의 접미사로 사용될 경우 'er' 가운데의 'e' 음이 탈락하여 앞 글자의 음절에 흡수되어 권설음화(卷舌音化)가 일어난다.

1) 용법

① 작고, 귀엽고, 친근감을 나타낸다.

㉵ 小孩儿 xiǎohár 花儿 huār

② 의미의 변화

㉵ 信 xìn, 편지 → 信儿 xìer, 소식

那 nà, 그·저 → 那儿 nàr, 그곳·저곳

③ 품사의 변화

㉵ 个 gè, 양사: 개 → 个儿 gèr, 명사: 크기

画 huà, 동사: 그리다 → 画儿 huàr, 명사: 그림

2) 변화의 규칙

(1) '-r'발음만 첨가되는 경우

① 운미가 a·o·e·u로 끝날 때, r음을 덧붙여 발음한다.

㉵ 马儿 mǎr 花儿 huār / 鸟儿 niǎor 错儿 cuòr / 歌儿 gēr 月儿 yuèr / 股儿 gǔr 球儿 qiúr

② 운미가 ai·ei로 끝날 때, i를 제거하고 r음을 덧붙여 발음한다.

㉵ 牌儿 pár 味儿 wèr

③ 운미가 an·en으로 끝날 때, n을 제거하고 r음을 덧붙여 발음한다.

예 一点儿 yìdiǎr 盆儿 pér

④ 운미가 ng로 끝날 때, ng를 제거하고 그 앞의 모음을 비음화시켜 r음을 덧붙여 발음한다.

예 信封儿 xìnfēr 胡同 hútòr 眼镜 yǎnjìr

(2) '-er'발음이 첨가되는 경우

① 운미가 없고 주요모음이 i·ü로 끝날 때, er음을 덧붙여 발음한다.

예 小鸡 xiǎojīer 金鱼 jīnyúer

② 운미가 in으로 끝날 때, n을 제거하고 er음을 덧붙여 발음한다.

예 信儿 xìer

③ 권설음·설치음으로 끝날 때, i를 제거하고 er음을 덧붙여 발음한다.

예 事儿 shèr 鸡子儿 jīzěr

8 발음과 성조 연습

1) 발음

(1) 鸡心 jīxīn　　知心 zhīxīn
(2) 上车 shàngchē　　上策 shàngcè
(3) 生产 shēngchǎn　　增产 zēngchǎn
(4) 知道 zhīdao　　迟到 chídào
(5) 本子 běnzi　　盆子 pénzi

2) 성조

(1) 布告 bùgào　　不高 bùgāo
(2) 教室 jiàoshì　　教师 jiàoshī
(3) 同志 tóngzhì　　统治 tǒngzhì
(4) 打人 dǎrén　　大人 dàrén
(5) 装车 zhuāngchē　　撞车 zhuàngchē

3) 발음과 성조

(1) 제1성 + 제1성 : 飞机 fēijī　　咖啡 kāfēi
(2) 제1성 + 제2성 : 中国 Zhōngguó　　生词 shēngcí
(3) 제1성 + 제3성 : 身体 shēntǐ　　钢笔 gāngbǐ
(4) 제1성 + 제4성 : 工作 gōngzuò　　专业 zhuānyè
(5) 제1성 + 경 성 : 妈妈 māma　　杯子 bēizi
(6) 제2성 + 제1성 : 毛衣 máoyī　　明天 míngtiān
(7) 제2성 + 제2성 : 红茶 hóngchá　　学习 xuéxí

(8) 제2성 + 제3성 : 词典 cídiǎn 牛奶 niúnǎi
(9) 제2성 + 제4성 : 学校 xuéxiào 杂志 zázhì
(10) 제2성 + 경 성 : 葡萄 pútao 学生 xuésheng
(11) 제3성 + 제1성 : 老师 lǎoshī 北京 Běijīng
(12) 제3성 + 제2성 : 网球 wǎngqiú 旅行 lǚxíng
(13) 제3성 + 제3성 : 手表 shǒubiǎo 雨伞 yǔsǎn
(14) 제3성 + 제4성 : 早饭 zǎofàn 考试 kǎoshì
(15) 제3성 + 경 성 : 椅子 yǐzi 姐姐 jiějie
(16) 제4성 + 제1성 : 面包 miànbaō 汽车 qìchē
(17) 제4성 + 제2성 : 练习 liànxí 大学 dàxué
(18) 제4성 + 제3성 : 汉语 hànyǔ 日本 Rìběn
(19) 제4성 + 제4성 : 再见 zàijiàn 电话 diànhuà
(20) 제4성 + 경 성 : 妹妹 mèimei 客气 kèqi

4) 숫자읽기

(1)

0(零)	一	二	三	四
líng	yī	èr	sān	sì
五	六	七	八	九
wǔ	liù	qī	bā	jiǔ
十	百	千	万	亿
shí	bǎi	qiān	wàn	yì

(2)

十一 shí yī	十二 shí èr	十三 shí sān	十四 shí sì	十五 shí wǔ
十六 shí liù	十七 shí qī	十八 shí bā	十九 shí jiǔ	二十 èr shí
三十 sān shí	四十 sì shí	五十 wǔ shí	六十 liù shí	七十 qī shí
八十 bā shí	九十 jiǔ shí	一百 yī bǎi		

※ 两(liǎng, 둘) : 양사 앞에 쓰여 개수를 나타낼 때 '二' 대신 '两'을 쓴다.

EXERCICE

1. 다음을 권설음과 설치음에 주의하여 읽으세요.

四是四, 十是十, 十四是十四, 四十是四十, 四十不是十四, 十四不是四十。

要想说对四, 舌头碰牙齿。

要想说对十, 舌头别伸直。

2. 숫자 '0 ~ 10'까지 한자를 쓰고, 한어병음을 쓰세요.

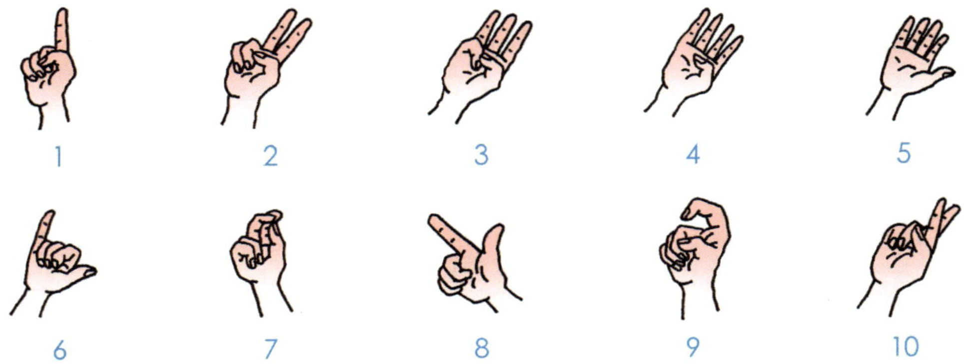

3. 다음 숫자를 읽으세요.

(1) 九九八八二三四

(2) 七三三十

(3) 二 + 二 = 四

(4) 五 – 三 = 二

4. 다음 문답을 연습하세요.

A: 你的手机号码是多少?

Nǐ de shǒujī hàomǎ shì dūoshǎo?

B: 010 – 2345 – 6789。

Líng yāo líng

9 중국어음절표

	a	o	e	i	-i	-i	u	ü	ao	ai	an	ang	ou	ong	ei	en	eng	er	ia
b	ba	bo		bi			bu		bao	bai	ban	bang			bei	ben	beng		
p	pa	po		pi			pu		pao	pai	pan	pang	pou		pei	pen	peng		
m	ma	mo	me	mi			mu		mao	mai	man	mang	mou		mei	men	meng		
f	fa	fo					fu				fan	fang	fou		fei	fen	feng		
d	da		de	di			du		dao	dai	dan	dang	dou	dong	dei	den	deng		
t	ta		te	ti			tu		tao	tai	tan	tang	tou	tong			teng		
n	na		ne	ni			nu	nü	nao	nai	nan	nang	nou	nong	nei	nen	neng		
l	la		le	li			lu	lü	lao	lai	lan	lang	lou	long	lei		leng		lia
z	za		ze		zi		zu		zao	zai	zan	zang	zou	zong	zei	zen	zeng		
c	ca		ce		ci		cu		cao	cai	can	cang	cou	cong		cen	ceng		
s	sa		se		si		su		sao	sai	san	sang	sou	song		sen	seng		
zh	zha		zhe			zhi	zhu		zhao	zhai	zhan	zhang	zhou	zhong	zhei	zhen	zheng		
ch	cha		che			chi	chu		chao	chai	chan	chang	chou	chong		chen	cheng		
sh	sha		she			shi	shu		shao	shai	shan	shang	shou		shei	shen	sheng		
r			re			ri	ru		rao		ran	rang	rou	rong		ren	reng		
j				ji				ju											jia
q				qi				qu											qia
x				xi				xu											xia
g	ga		ge				gu		gao	gai	gan	gang	gou	gong	gei	gen	geng		
k	ka		ke				ku		kao	kai	kan	kang	kou	kong	kei	ken	keng		
h	ha		he				hu		hao	hai	han	hang	hou	hong	hei	hen	heng		
	a	o	e	yi			wu	yu	ao	ai	an	ang	ou		ei	en	eng	er	ya

ie	iao	iou	ian	iang	iong	in	ing	ua	uo	uai	uan	uang	uei	uen	ueng	üe	üan	ün	er
bie	biao		bian			bin	bing												
pie	piao		pian			pin													
mie	miao	miu	mian			min	ming												
die	diao	diu	dian				ding		duo		duan		dui	dun					
tie	tiao		tian				ting		tuo		tuan		tui	tun					
nie	niao	niu	nian	niang		nin	ning		nuo		nuan					nüe			
lie	liao	liu	lian	liang		lin	ling		luo		luan			lun		lüe			
									zuo		zuan		zui	zun					
									cuo		cuan		cui	cun					
									suo		suan		sui	sun					
								zhua	zhuo	zhuai	zhuan	zhuang	zhui	zhun					
								chua	chuo	chuai	chuan	chuang	chui	chun					
								shua	shuo	shuai	shuan	shuang	shui	shun					
								rua	ruo		ruan		rui	run					
jie	jiao	jiu	jian	jiang	jiong	jin	jing									jue	juan	jun	
qie	qiao	qiu	qian	qiang	qiong	qin	qing									que	quan	qun	
xie	xiao	xiu	xian	xiang	xiong	xin	xing									xue	xuan	xun	
								gua	guo	guai	guan	guang	gui	gun					
								kua	kuo	kuai	kuan	kuang	kui	kun					
								hua	huo	huai	huan	huang	hui	hun					
ye	yao	you	yan	yang	yong	yin	ying	wa	wo	wai	wan	wang	wei	wen	weng	yue	yuan	yun	er

II 회화편

01 你好!

01 你好!

어휘

❶ 你 nǐ 대 너
好 hǎo 형 좋다

❷ 吗 ma 조 의문조사로서, 문미에 사용하여 의문을 표시한다.
很 hěn 부 매우
呢 ne 조 의문조사로서, 문미에 사용하여 의문을 표시한다.
也 yě 부 도, 역시
忙 máng 형 바쁘다
不 bù 부 아니다
太 tài 부 매우

❸ 谢谢 xièxie 감사합니다
不客气 búkèqi 천만에요

❹ 对不起 duìbuqǐ 미안합니다
没关系 méiguānxi 괜찮습니다

❺ 再见 zàijiàn 안녕, 잘 가

❶

A： 你 好!

Nǐ hǎo!

B： 你 好!

Nǐ hǎo!

❷

A： 你 好 吗?

Nǐ hǎo ma?

B： 我 很 好。你 呢?

Wǒ hěn hǎo. Nǐ ne?

A： 我 也 很 好。你 忙 吗?

Wǒ yě hěn hǎo. Nǐ máng ma?

B： 我 不 太 忙。

Wǒ bú tài máng.

3

A： 谢谢。

Xiè xie.

B： 不客气。

Bú kè qi.

4

A： 对不起。

Duì bu qǐ.

B： 没关系。

Méi guān xi.

5

A： 再见!

Zài jiàn!

B： 再见!

Zài jiàn!

해설

1) 你好! (안녕하세요!)

가장 일반적인 인사말로, 우리말의 '안녕하세요'에 해당한다. 처음 만난 사람이나 아는 사람에게 두루 쓸 수 있다. 앞에 상대방의 호칭을 붙일 수도 있다.

㉮ 老师, 您好! 선생님, 안녕하세요!

2) 你好吗? (잘 지내셨어요?)

평소 알고 지내는 사이에 안부를 묻는 표현으로, 처음 만난 사람에게는 쓰지 않는다.

3) 谢谢! (감사합니다)

중국어에서 가장 흔하게 쓰이는 감사 인사말로, 우리말의 '감사합니다, 고맙습니다'의 뜻이다.

4) 不客气(천만에요)

상대방에게 '谢谢'와 같은 고마움의 인사를 들었을 때 상투적으로 답변하는 표현이다. 대부분 상대가 겸손하다는 의미를 담고 있다. 이외에도 '别客气(=不要客气)' '不用谢' '哪里哪里' '谢什么' 등의 표현들이 있다.

5) 对不起(미안합니다)

상대방에게 미안함을 표현할 때 쓰는 말이다.

6) 没关系(괜찮습니다)

'对不起'에 대한 상투적으로 답변하는 표현이다. 이외에도 '没什么' '没事儿' 등의 표현들이 있다.

7) 再见! (잘 가!, 안녕!, 또 봐!)

중국에서 쓰이는 가장 흔한 작별 인사말이다. 글자 그대로 해석하자면 '또 봐'가 되겠지만, 헤어질 때 '잘 가' '안녕' '또 봐' 등의 의미로 쓰인다. 앞에 만날 시간이나 장소 등을 덧붙이기도 한다.

㉠ 明天见! 내일 봐!
一会儿见! 잠시 후에 보자!

8) 也(～도)

'주어 + 也 + 술어'형식에 쓰여, '두 가지가 서로 같음'을 나타낸다.

㉠ 我也很好。 나도 잘 지낸다

문법

1) 중국어의 문장구조와 어순

중국어는 인칭이나 시제·성(性)·수(数)·격 등에 따른 형태의 변화가 없다. 중국어 문장을 이루는 성분은 주어·술어·목적어·보어·관형어·부사어 여섯가지이다. 문장은 일반적으로 주어부분과 술어부분으로 나뉘는데, 주어는 앞에 술어는 뒤에 온다. 주어는 주로 명사나 대명사가 주요 성분으로 오고, 술어는 주로 동사나 형용사가 주요 성분이 된다.

㉑ 他是大学生。그는 대학생이다. - 명사술어문
我学习汉语。나는 중국어를 공부한다 - 동사술어문
她很漂亮。그녀는 매우 예쁘다 - 형용사술어문
※ 帅 shuài : 멋지다

2) 인칭대명사

사람을 나타내는 대명사를 가리킨다.

인칭	단수	복수
1인칭	我 wǒ (나, 저)	我们 wǒmen (우리들, 일반적으로 상대 불포함) 咱们 zánmen (우리들, 상대방 꼭 포함)
2인칭	你 nǐ (너, 당신) 您 nín (당신, 존칭)	你们 nǐmen (너희들, 당신들)
3인칭	他 tā (그) 她 tā (그녀) 它 tā (그것)	他们 tāmen (그들) 她们 tāmen (그녀들) 它们 tāmen (그것들)

3) 의문문(1) -의문조사 '吗' 의문문

① 의문조사 '吗' 의문문(~입니까?)

일반적으로 서술문 뒤에 의문조사 '吗'를 붙이면 의문문이 된다. 모르는 사실에 대한 상대의 대답을 요구하는 의문문이다. 가장 기본적인 의문문 형태로, 이런 의문문을 '吗 의문문'이라고 한다.

예 你去吗? 당신은 갑니까?
你们是留学生吗? 당신들은 유학생입니까?

② 의문조사 '呢' 의문문(~는요?, 생략형 의문문)

'주어+呢?'의 형태로 쓰이며, 주어는 인칭대명사이다. 앞에 나왔던 술어 부분을 생략한 의문문이다. 보통 앞에서 말한 화제를 이어받아 질문할 때 쓰인다.

예 我很忙。你呢? (=你忙吗?) 저는 바빠요. 당신은요?
我想去参观, 你呢? 나는 참관하고 싶은데, 너는?

4) 술어문(1) -형용사술어문

술어의 주요 성분이 형용사인 문장을 '형용사술어문'이라고 한다.

예 她很漂亮。 그녀는 예쁘다 - 평가
她很聪明。 그녀는 총명하다 - 평가
他的书很新。 그의 책은 새 것이다 - 평가

형용사술어문은 주로 주어에 대한 '평가'의 의미를 나타내므로, 위 예문과 같이 부사 '很'을 써서 간단한 형용사 술어를 수식한다. 특히 단음절 형용사는 거의 예외 없이 '很'을 동반하여 습관적으로 이음절화 한다. 이때의 '很'은 부사로서의 기능은 약해져 정도를 강조하는 의미는 완전히 상실된다.

만약 '很'을 쓰지 않고 형용사만으로 술어를 구성하면, 판단·대조의 의미를 갖게 된다. 대조의 경우에는 문장이 불완전해져, 뒷말을 덧붙여 줘야 말이 완전히 끝난다. 비교의 문장에서 주로 쓰인다.

㉮ 她漂亮还是我漂亮? 그녀가 예쁘니 아니면 내가 예쁘니? - 판단
这个贵, (那个便宜)。이것은 비싸지만, (저것은 싸다). - 대조

부정형은 형용사 앞에 부정부사 '不'을 붙인다.
㉮ 她不漂亮。그녀는 예쁘지 않다.

EXERCICE

1. 다음 문장을 읽으세요.

1) 你好!
2) 你好吗?
3) 我也很好。
4) 我不太忙。
5) 谢谢。

2. 다음 문장으로 문답을 연습하세요.

1) A: 你好!
   B: ____________________
2) A: 你好吗?
   B: ____________________
3) A: 你忙吗?
   B: ____________________
4) A: 对不起。
   B: ____________________
5) A: 再见!
   B: ____________________

보충어휘

인사

早上好! zǎoshanghǎo : 안녕하세요! (아침 인사)
= (你)早! (nǐ) zǎo, 早安! zǎoān
午安! wǔ'ān : 안녕하세요! (낮 인사)
晚上好! wǎnshanghǎo
: 안녕하세요! (저녁 인사)
晚安! wǎn'ān : 안녕히 주무세요. (자기 전 인사)
再见 zàijiàn : 안녕, 잘가.
(헤어질 때 인사)
睡得好! shuìdehǎo : 푹 주무세요
打招呼 dǎzhāohu : 인사하다
好久不(没)见(了)
hǎojiǔbú(méi)jiàn(le) : 오랜만입니다
少见少见 shǎojiànshǎojiàn : 정말 오랜만이군요

穷忙 qióngmáng : 쓸데없이 바쁩니다
托福很好 tuōfúhěnhǎo : 덕분에 잘 지냅니다
托您的福 tuōníndefú : 당신 덕분입니다
过奖过奖 guòjiǎngguòjiǎng : 과찬이십니다
打扰打扰 dǎrǎodǎrǎo : 폐를 끼쳐 드려 죄송합니다
麻烦你了 máfánnǐle : 폐를 끼쳤습니다
辛苦了 xīnkǔle : 수고했습니다
拜托拜托 bàituōbàituō : 잘 부탁합니다
拜托您了 bàituōnínle : 당신께 부탁드립니다
请便 qǐngbiàn : 좋으실대로 하세요

방문

劳步，劳步 láobùláobù : 오시느라 수고하셨습니다
打搅，打搅 dǎjiǎodǎjiǎo : 폐 많이 끼쳤습니다
慢待，慢待 màndàimàndài : 대접이 소홀했습니다
告辞 gàocí : 작별인사하다
= 告别 gàobié, 辞行 cíxíng

送别 sòngbié : 송별하다
= 送行 sòngxíng
饯行 jiànxíng : 송별연을 열다
握手 wòshǒu : 악수하다
别送 biésòng : 나오지 마세요
= 不送 búsòng
留步 liúbù : 나오지 마세요
请回 qǐnghuí : 들어가십시오

不远送了 bùyuǎnsòngle ： 멀리 나가지 않겠습니다
慢走 mànzǒu ： 안녕히 가세요
= 走好 zǒuhǎo
请您保重 qǐngnínbǎozhòng ： 건강에 유의하세요
后会有期 hòuhuìyǒuqī ： 다음에 또 만납시다

감사

谢谢 xièxie ： 감사합니다
多谢 duōxiè ： 대단히 감사합니다
十分感谢 shífēngǎnxiè ： 대단히 감사합니다
不客气 búkèqi ： 천만에요
不谢 búxiè ： 천만에요
没什么 méishénme ： 천만에요
哪里哪里 nǎlinǎli ： 천만에요
哪儿的话 nǎrdehuà ： 천만에요
不敢当 bùgǎndāng ： 천만에요

부탁 · 사과

请问 qǐngwèn ：(부탁할 때) 실례합니다
劳驾 láojià ：(부탁할 때) 실례합니다
对不起 duìbuqǐ ： 미안합니다
太对不起了 tàiduìbuqǐle ： 대단히 미안합니다
抱歉 bàoqiàn ： 죄송합니다
原谅 yuánliàng ： 양해하다, 용서하다
真过意不去 zhēnguòyìbúqù ： 정말 송구스럽습니다
没关系 méiguānxi ： 괜찮습니다
不要紧 búyàojǐn ： 괜찮습니다
没事儿 méishèr ： 괜찮습니다

신년

新年快乐! xīnniánkuàilè ： 즐거운 새해 되세요!
新春愉快! xīnchūnyúkuài ： 즐거운 새해 되세요!

恭喜发财! gōngxǐfācái : 부자되세요!
祝家庭幸福! zhùjiātíngxìngfú : 가정의 행복을 기원합니다!
祝您身体健康! zhùnínshēntǐjiànkāng : 당신의 건강을 기원합니다!
祝你工作顺利! zhùnǐgōngzuòshùnlì : 사업이 잘되시기를 기원합니다!
祝您交好运! zhùnínjiāohǎoyùn : 행운이 있기를 빕니다!
祝你万事如意! zhùnǐwànshìrúyì : 만사형통하시기를 바랍니다!

축원

周末愉快! zhōumòyúkuài : 즐거운 주말 되세요!
祝你生日快乐! zhùnǐshēngrìkuàilè : 생일을 축하합니다!
恭喜恭喜! gōngxǐgōngxǐ : 축하합니다!
恭喜你毕业! gōngxǐnǐbìyè : 졸업을 축하합니다!
圣诞快乐! shèngdànkuàilè : 즐거운 성탄되세요!
百年好合! bǎiniánhǎohé : 평생 행복하게 사세요!
祝你旅行愉快! zhùnǐlǚxíngyúkuài : 여행이 유쾌하길 빕니다!
祝你一路顺风! zhùnǐyílùshùnfēng : 여행이 순조롭길 빕니다!
祝你一路平安! zhùnǐyílùpíngān : 여행이 평안하시길 빕니다!

02 你叫什么名字?

02 你叫什么名字?

어휘

❶ 我 wǒ 대 나, 저
叫 jiào 동 부르다
什么 shénme 의 무슨, 무엇, 어떤
名字 míngzi 명 이름, 성함
认识 rènshi 동 (사람 등을) 알다
高兴 gāoxìng 형 기쁘다

고유명사

李华 Lǐhuá 이화
王明 Wángmíng 왕명

❷ 大家 dàjiā 대 모두
老师 lǎoshī 명 선생(님)
请问 qǐngwèn 실례지만
您 nín 대 당신(2인칭 존칭)
贵 guì 형 존경의 뜻을 나타냄
姓 xìng 명동 성씨, 성씨가~이다
王 Wáng 왕씨
李 Lǐ 이씨

❸ 早上 zǎoshang 명 아침
早 zǎo 형 이르다
好 hǎo 부 아주, 꽤

久 jiǔ 부 오랫동안
见 jiàn 동 보다
最近 zuìjìn 부 최근
学习 xuéxí 동 학습하다, 공부하다
挺 tǐng 부 아주, 뒤에 '的(de)'가 호응한다
同屋 tóngwū 명 룸메이트
代 dài 전 대신하여
问 wèn 동 묻다

❶

A： 你好! 我叫王明。你叫什么名字?

Nǐ hǎo! Wǒ jiào Wáng míng. Nǐ jiào shénme míngzi?

B： 我叫李华。

Wǒ jiào Lǐ huá.

A： 认识你我很高兴。

Rènshi nǐ wǒ hěn gāoxìng.

B： 认识你我也很高兴。

Rènshi nǐ wǒ yě hěn gāoxìng.

❷

A： 大家好!

Dàjiā hǎo!

B： 老师好! 请问, 您贵姓?

Lǎoshī hǎo! Qǐngwèn, nín guì xìng?

A： 我姓王。你姓什么?

Wǒ xìng Wáng. Nǐ xìng shénme?

B： 我姓李。

Wǒ xìng Lǐ.

A： 你叫什么名字?

Nǐ jiào shénme míngzi?

B： 我叫李华。

Wǒ jiào Lǐ huá.

3

A： 早上好!

Zǎoshang hǎo!

B： 早上好!

Zǎoshang hǎo!

A： 好久不见，你最近学习忙吗?

Hǎo jiǔ bú jiàn, nǐ zuìjìn xuéxí máng ma?

B： 挺忙的。你呢?

Tǐng máng de. Nǐ ne?

A： 不太忙。你同屋也好吗?

Bú tài máng. Nǐ tóngwū yě hǎo ma?

B： 他也挺好的。

Tā yě tǐng hǎo de.

A： 请代我问他好。

Qǐng dài wǒ wèn tā hǎo.

해설

1) 请问(말씀 좀 여쭙겠습니다)
처음 만나는 사람에게 길을 물어볼 때 혹은 무언가를 물을 때, 흔히 사용하는 '실례합니다'라는 표현이다. 이외에도 '劳驾' '请问一下' '麻烦一下' '麻烦你' '打扰一下' '打搅一下' '借光' 등이 있다. 이와 비슷한 표현으로 '길을 비켜달라고 할 때'는 '借过' '让一让' '让一下' 등의 표현을 쓴다.

2) 您贵姓?
연장자나 처음 만난 사람에게 성함을 물을 때 쓰는 표현으로, 보통 성씨만 묻는다. 그러나 대답할 때는 성만을 말하기도 하고, 성과 이름을 모두 말하기도 한다.

3) 你叫什么名字?
의문사 '什么'를 써서 이름을 묻는 표현이다. 의문사 '什么'가 쓰였으니 의문을 나타내는 '吗'가 없어도 의문문이 된다. 대답은 '我叫～'로 하면 된다.

4) 早上好! (좋은 아침입니다!)
가장 일반적인 아침 인사이다. 보통 10시 이전 아침에 만났을 때 인사말이다. 상대방 역시 '早上好! ' '早! ' '你(您)早! ' 라고 대답한다.

5) 好久不见(了) (오랜만이에요)
오랜만에 만났을 때 나누는 인사말로, '오랜만이에요'라는 뜻이다. 이때 부사 '好'는 형용사 앞에 놓여 정도가 심함을 나타낸다.

6) 不 + 太 + 형용사
'不 + 太'는 '그다지～하지 않다'는 뜻이다. 보통 뒤에 형용사가 오며 심리 상태를 나타내는 동사 '喜欢·想'도 사용할 수 있다. 부정의 정도가 비교적 약함을 나타내며 완곡한 어기를 가지고 있다.

문법

1) 의문문(2) -의문사 의문문(1)

'谁(shéi, 누구)' '什么(shénme, 무슨 / 무엇)' '哪(nǎ, 어느)' '哪儿(nǎr, 어디)' '什么时候(shénmeshíhou, 언제)' '怎么(zěnme, 왜/어떻게)' '怎么样(zěnmeyàng, 어떻습니까)' '几(jǐ, 몇)' '多少(duōshao, 얼마)' 등의 의문 대명사를 사용해, 사람·사물·장소·시간·원인·방식·상태 등을 묻는 의문문이다. 문장 안에서 주어·술어·목적어·관형어·부사어 등의 역할을 한다.

㉮ 他是谁? 그는 누구입니까?
这是什么? 이것은 무엇입니까?
你是哪国人? 당신은 어느 나라 사람입니까?
你在哪儿学习汉语? 너는 어디에서 중국어를 배우니?

2) 술어문(2) - 동사술어문

동사가 술어의 주요성분이 되는 문장을 동사술어문이라고 한다. 동사술어문만 목적어를 취할 수 있다.

㉮ 我去天安门。 나는 천안문에 간다.
我能吃中国菜。 나는 중국요리를 먹을 수 있다.

부정형은 동사술어 앞에 '不'을 붙인다.

㉮ 我不吃饭。 나는 밥을 먹지 않는다.

3) 술어문(3) - 주술술어문

문장 전체의 술어가 '주어 + 술어'구조로 이루어진 문장을 '주술술어문'이라고 한다. 부정형은 주술구조의 술어 앞에 '不' 등의 부정부사를 붙인다.

㉮ 我身体很好。 나는 건강이 좋다.
他工作很忙。 그는 일이 바쁘다.

부정형은 주술구조의 술어 앞에 '不' 등의 부정부사를 붙인다.
㉾ 他工作不忙。 그는 일이 바쁘지 않다.

EXERCICE

1. 자신의 성명을 한자로 쓰고, 한어병음을 쓰세요.

2. 다음 문장을 읽으세요.
   1) 早上好!
   2) 好久不见!
   3) 请问, 您贵姓?
   4) 你叫什么名字?
   5) 认识你很高兴。

3. 다음 문장으로 문답을 연습하세요.
   1) A: 请问, 您贵姓?
      B: ____________________
   2) A: 你叫什么名字?
      B: ____________________
   3) A: 认识你很高兴。
      B: ____________________
   4) A: 你最近学习忙吗?
      B: ____________________
   5) A: 你同屋也好吗?
      B: ____________________

보충어휘

소개

欢迎 huānyíng ： 환영합니다
自我介绍 zìwǒjièshào ： 자기소개하다
怎么称呼您? zěnmechēnghunín? ： 성함이 어떻게 되십니까?
免贵姓王 miǎnguìxìngwáng ： 존칭은 생략하시고 왕 씨입니다(자신을 낮춘 표현)
幸会，幸会。 xìnghuì, xìnghuì. ： 만나 뵙게 되어 영광입니다
久仰久仰 jiǔyǎngjiǔyǎng ： 말씀 많이 들었습니다
久闻大名 jiǔwéndàmíng ： 존함을 많이 들었습니다
认识您非常高兴 rènshinínfēichánggāoxìng ： 알게 되어 매우 기쁩니다
初次见面 chūcìjiànmiàn ： 처음 뵙겠습니다
请多多关照 qǐngduōduōguānzhào ： 잘 부탁합니다
请多多照顾 qǐngduōduōzhàogù ： 잘 부탁합니다
请多多指教 qǐngduōduōzhǐjiào ： 잘 부탁합니다
请多多帮助 qǐngduōduōbāngzhù ： 잘 부탁합니다

성씨

安 Ān 안
蔡 Cài 채
陈 Chén 진
崔 Cuī 최
丁 Dīng 정
杜 Dù 두
高 Gāo 고
韩 Hán 한
洪 Hóng 홍
黄 Huáng 황
姜 Jiāng 강
金 Jīn 김
李 Lǐ 이
梁 Liáng 양
林 Lín 임
柳 Liǔ 유
卢 Lú 노
罗 Luó 라
裴 Péi 배
朴 Piáo 박
权 Quán 권
任 Rèn 임

보충어휘

申 Shēn 신
沈 Shěn 심
宋 Sòng 송
苏 Sū 소
孙 Sūn 손
文 Wén 문
吴 Wú 오
徐 Xú 서
尹 Yǐn 윤
张 Zhāng 장
赵 Zhào 조
郑 Zhèng 정

03 我来介绍一下。

03 我来介绍一下。

어휘

❶ 来 lái 동 오다, 다른 동사 앞에 쓰여서, 어떤 일에 대해 적극적인 의지를 나타낸다.
介绍 jièshào 동 소개하다
一下 yíxià 수량 한 번, 좀, 잠깐(부드러운 어기)
这 zhè 대 이(것)
位 wèi 양 분
是 shì 계 ~이다
小姐 xiǎojie 명 양
的 de 조 ~의
名片 míngpiàn 명 명함
到 dào 동 도달하다
初次 chūcì 명 처음
面 miàn 명 얼굴
多 duō 형 많다
关照 guānzhào 동 돌보다
别 bié 부 ~하지 마라
客气 kèqi 동 사양하다 형 예의가 바르다

❷ 哪 nǎ 의 어느, 어떤, 어디
国 guó 명 국가
人 rén 명 사람
他 tā 대 그
谁 shéi 대 누구
朋友 péngyou 명 친구

고유명사

韩国 Hánguó 한국
美国 Měiguó 미국
法国 Fǎguó 프랑스

❶

A： 我来介绍一下。这位是李小姐。

Wǒ lái jièshào yī xià. Zhè wèi shì Lǐ xiǎojie.

B： 您好！李小姐。这是我的名片。

Nín hǎo! Lǐ xiǎojie. Zhè shì wǒ de míngpiàn.

C： 我叫李华，见到你我很高兴。

Wǒ jiào Lǐ huá, jiàndào nǐ wǒ hěn gāoxìng.

B： 见到你我也很高兴。

Jiàndào nǐ wǒ yě hěn gāoxìng.

C： 初次见面，请多多关照。

Chū cì jiànmiàn, qǐng duō duō guān zhào.

B： 别客气。

Bié kè qi.

❷

A： 你是哪国人？
Nǐ shì nǎ guó rén?

B： 我是韩国人。你呢？
Wǒ shì Hánguó rén. Nǐ ne?

A： 我是美国人。
Wǒ shì Měiguó rén.

B： 他是谁？
Tā shì shéi?

A： 他是我的朋友。
Tā shì wǒ de péngyou.

B： 他也是美国人吗？
Tā yě shì Měiguórén ma?

A： 他不是美国人，他是法国人。
Tā bú shì Měiguó rén, tā shì Fǎguó rén.

해설

1) 我来介绍一下。

다른 사람에게 소개할 때 자주 쓰이는 말이다. '来'는 다른 동사 앞에 쓰여서, 어떤 일을 적극적으로 하고자 하는 어감을 나타낸다.

예 你来做吧。 당신이 해 보세요.

2) 谁

'누구'를 물을 때의 의문사이다. '谁' 역시 의문사이니 '吗'를 쓰지 않아도 의문문이 된다.

3) 初次见面(처음 뵙겠습니다)

처음 만났을 때 인사로 '처음 뵙겠습니다'라는 표현이다. 이외에도 다음과 같은 다양한 표현이 있다.

예 认识你我很高兴。 만나 뵙게 되어 반갑습니다.
见到你我很高兴。 만나 뵙게 되어 반갑습니다.
请多多指教。 잘 부탁합니다.
请多多关照。 잘 부탁합니다.
请多多帮助。 많이 도와주세요.

4) 位

양사로서 사람에게 사용하며 존중의 의미가 있다.

예 **A:** 你们两位吃什么? 당신 두 분은 무엇을 드실 건가요?
B: 我们先看看菜单吧。 우리는 우선 메뉴를 좀 볼게요.

문법

1) 술어문(4) -명사술어문

명사·명사구·수량사 등이 술어의 주요 성분으로 쓰인 문장을 '명사술어문'이라고 한다. 명사술어문은 주로 시간·날짜·요일·나이·출신·수량 등을 나타낼 때 쓰인다.

명사술어문은 주어와 명사술어 사이에 계사(系词) '是(~이다)'로 연결되어, '是' 字文이라고도 한다. 긍정문에서는 일반적으로 '是'를 쓰지 않아도 되지만, 부정문에서는 부정부사 '不'자와 명사술어 사이에 꼭 '是'자를 써야 한다. '是' 는 일반적으로 가볍게 읽는다.

㉮ 我是大学生。 나는 대학생이다.
现在三点十分。 지금은 3시 10분이다.
今天三月二号。 오늘은 3월 2일이다.
明天星期三。 내일은 수요일이다.

부정형은 '是'앞에 '不'자를 놓으면 된다.

㉮ 她不是老师。 그녀는 선생님이 아니다.

의문형은 문미에 의문조사 '吗'를 붙이거나, '是'를 긍정 형식과 부정 형식을 병렬하여 정반의문문을 만들면 된다.

㉮ 您是老师吗? 당신은 선생님입니까?
你是不是韩国人? 당신은 한국인입니까?

2) 형용사의 중첩

일부 형용사는 중첩할 수 있다. 형용사를 중첩하면 성질이나 상태의 정도가 더욱 심함을 나타내며, 말의 생동감을 더한다. 단음절 형용사(A)는 'AA儿'형으로 중첩되며, 이 때 둘째 음절은 보통 제1성으로 발음한다. 쌍음절 형용사(AB)는 'AABB'형으로 중첩되며, 이 때 둘째 음절은 경성으로, 넷째 음절은 가장 강하게 발음한다.

㉮ 好 형 (좋다) → 好好儿 부 (잘 / 충분히)

慢 형 (느리다) → 慢慢儿 부 (천천히)
高兴 형 (기쁘다) → 高高兴兴 부 (매우 기쁘게)
漂亮 형 (예쁘다) → 漂漂亮亮 부 (매우 예쁘게)
马虎 형 (소홀하다) → 马马虎虎 형 (대충하다, 그저 그렇다)

형용사가 중첩되어 부사어로 쓰일 경우, 단음절 형용사의 중첩이면 그 뒤에 결구 조사 '地(de)'를 붙여도 되고 안 붙여도 되지만, 쌍음절 형용사의 중첩이면 '地'를 반드시 붙여야 한다.

예 每天小李都早早儿地起床。 매일 소군은 일찍 기상한다.
你应该好好休息一会儿。 너는 충분히 좀 휴식해야 한다.
我们应该好好儿学习。 우리는 잘 공부해야 한다.
孩子们高高兴兴地回家。 아이들은 매우 즐겁게 집으로 돌아간다.
他认认真真地回答老师的问题。 그는 선생님의 질문에 매우 진지하게 대답하였다.

또한 형용사가 중첩되어 술어나 관형어·보어로 쓰일 경우 그 뒤에 '的'를 붙여야 한다.

예
술어 她的头发长长的。 그녀의 머리가 매우 길었다.
관형어 漂漂亮亮的大厅里立着一排一排的货架。예쁜 홀 안에는 상품진열대가 일렬로 진열되어 있었다.
보어 房间打扫得干干净净的。 방은 매우 깨끗하게 청소되어 있었다.

3) 관형어와 결구조사 '的'

관형어는 형용사적 수식어로, 주어나 목적어로 쓰이는 명사 혹은 대명사(중심어) 앞에서 그것들을 한정하거나 수식하는 문장성분을 말하며, 중국어 명칭은 한정어(限定语)이다. 관형어로 충당될 수 있는 단어(구)로는 명사·인칭대명사·의문대명사·형용사·동사(구)·수량사·각종구(주술구·동사구·전치사구·고정구) 등이 있다. 이때 관형어와 중심어 사이에 결구조사 '的(de)'를 붙인다.

(1) 형식

관형어	+	的(de)	+	중심어
(수식어)		결구조사		(피수식어)
단어·구				명사·대명사

(2) 용법

① 인칭대명사가 소유관계를 나타낼 경우, 결구조사 '的'를 붙인다.

예 他的铅笔。그의 연필
我的书 나의 책

단, 중심어가 친족·친구·소속 단체·국가 등의 명칭일 경우, '的'을 쓰지 않아도 된다.

예 我爸爸 나의 아빠
我朋友 나의 친구
我们公司 우리회사
我们国家 우리나라

또한, 명사로 된 관형어가 중심어의 재료·원산지·종류를 나타낼 때도 '的'을 쓰지 않는다.

예 塑料袋 비닐봉지
汉语书 중국책

EXERCICE

1. 다음 문장을 읽으세요.

1) 我来介绍一下。
2) 这是我的名片。
3) 初次见面。
4) 我是韩国人。
5) 他是我的朋友。

2. 다음 문장으로 문답을 연습하세요.

1) A: 见到你我很高兴。
   B: ____________________
2) A: 请多多关照。
   B: ____________________
3) A: 你是哪国人?
   B: ____________________

보충어휘

국명

韩国 Hánguó : 한국
中国 Zhōngguó : 중국
日本 Rìběn : 일본
美国 Měiguó : 미국
英国 Yīngguó : 영국
法国 Fǎguó : 프랑스
德国 Déguó : 독일
意大利 Yìdàlì : 이탈리아
加拿大 Jiānádà : 캐나다
西班牙 Xībānyá : 스페인
俄罗斯 Éluósī : 러시아
澳大利亚 Àodàlìyà : 오스트레일리아
台湾 Táiwān : 대만
香港 Xiānggǎng : 홍콩

교제

人际关系 rénjìguānxi : 인간관계
交朋友 jiāopéngyou : 친구를 사귀다
友谊 yǒuyì : 우정
朋友 péngyou : 친구
異性朋友 yìxìngpéngyou : 이성친구
男朋友 nánpéngyou : 남자 친구
女朋友 nnǚpéngyou : 여자 친구
老乡 lǎoxiāng : 고향사람
酒友 jiǔyǒu : 술친구
性格 xìngge : 성격
粗心 cūxīn : 덜렁대다
大方 dàfang : 대범하다
外向 wàixiàng : 외향적이다
内向 nèixiàng : 내향적이다
直率 zhíshuài : 솔직하다
不爱说话 búàishuōhuà : 말을 잘 안 한다
开朗 kāilǎng : 명랑하다
慢性子 mànxìngzi : 성격이 느긋한 사람(성격이 느긋하다)
急性子 jíxìngzi : 성격이 급한 사람(성격이 급하다)
有矛盾 yǒumáodùn : 의견이 맞지 않다
吵架 chǎojià : 다투다
闹别扭 nàobièniu : 사이가 멀어지다
和好 héhǎo : 화해하다
问好 wènhǎo : 안부를 묻다

04 我想吃包子。

04 我想吃包子。

어휘

1. 汉语 Hànyǔ 명 중국어
   书 shū 명 책
   铅笔 qiānbǐ 명 연필
   圆珠笔 yuánzhūbǐ 명 볼펜

2. 想 xiǎng 조 ~하고 싶다
   吃 chī 동 먹다
   馒头 mántou 명 (소 없는) 찐빵
   些 xiē 양 약간, 몇
   饺子 jiǎozi 명 만두
   那 nà 대 그(것), 저(것)
   包子 bāozi 명 (소 있는) 찐빵

3. 喝 hē 동 마시다
   可乐 kělè 명 콜라
   还是 háishi 접 아니면
   咖啡 kāfēi 명 커피

❶

A： 这是什么？

Zhè shì shénme?

B： 这是汉语书。

Zhè shì Hànyǔ shū.

A： 这是谁的汉语书？

Zhè shì shéi de Hànyǔ shū?

B： 这是我的。

Zhè shì wǒ de.

A： 那是铅笔吗？

Nà shì qiānbǐ ma?

B： 那不是铅笔，那是圆珠笔。

Nà bú shì qiānbǐ, nà shì yuánzhūbǐ.

❷

A： 你想吃什么？

Nǐ xiǎng chī shénme?

B： 我想吃馒头。

Wǒ xiǎng chī mántou.

A： 这些是什么？

Zhè xiē shì shénme?

B： 这是饺子。那是包子。

Zhè shì jiǎozi. Nà shì bāozi.

❸

A： 你喝可乐还是咖啡?

Nǐ hē kělè háishi kāfēi?

B： 我喝可乐。你呢?

Wǒ hē kělè. Nǐ ne?

A： 我喝咖啡。

Wǒ hē kāfēi.

해설

1) '的'자 구조

관형어(명사 · 인칭대사 · 형용사 등)의 뒤에 쓰인 결구조사 '的'은 문맥상으로 무엇을 말하는지를 알 수 있을 경우 '的'뒤의 중심어(명사)를 생략할 수 있다. 이때 '的'자는 '~의 것' '~한 것'이라는 뜻을 나타낸다.

㉮ 两三十块钱的。(= 两三十块钱的衣服。)

문법

1) 지시대명사 : 사람 혹은 장소를 대신해서 가리키는 성분이다.

	근칭	중(원)칭
단수	这(이, 이것) zhè	那(그, 그것 / 저, 저것) nà
복수	这些(이것들) zhèxiē	那些(그것들 / 저것들) nàxiē

㉮ 这是词典。 이것은 사전이다.
那两个人是韩国人。 저 두 사람은 한국인이다.

2) 조동사(1) -'想'

조동사는 동사의 앞에 놓여 동사를 보조하는 성분으로, 중국어 명칭은 능원동사(能愿动词)이다. 능력(能·会), 가능(能·可以), 예측(会), 허가(能·可以), 소망(想·要·愿意), 필요(要·得·必须), 당위(应该), 의지(要·肯), 용기(敢), 불허(不许·不准), 계획(打算) 등을 나타낸다.

(1) 형식

① 소망(~하고 싶다) : 주관적인 소망을 나타낸다.

긍정형: 주어 + 想 + 동사 ~。(하고 싶다)
부정형: 주어 + 不想 + 동사 ~。(하고 싶지 않다)
의문형: 주어 + 想 + 동사 ~吗? (하고 싶습니까?)
주어 + 想不想 + 동사~?

㉮

긍정형 : 我想去中国。 나는 중국에 가고 싶다.
부정형 : 我不想去中国。 나는 중국에 가고 싶지 않다.
의문형 : 你想去图书馆吗? 너는 도서관에 가고 싶니?
你想不想去中国? 너는 중국에 가고 싶니?

※ 본동사로 쓰일 때 (想 + 명사)는 '~을 그리워하다'는 의미로 쓰인다.

㉮ 你想家吗?　당신은 집이 그립습니까?

3) 의문문(3) -선택의문문

선택의문문이란 'A 还是 B?'(A입니까 아니면 B입니까?)의 형식으로 쓰여, A와 B 중에서 하나를 선택하여 답하기를 요구하는 의문문이다.

㉮ 今天去还是明天去? 오늘 가니 아니면 내일 가니?
你回家还是去商店? 너는 집에 돌아가니 아니면 상점에 가니?
你要红的还是蓝的? 너는 붉은 것을 원하니 아니면 남색의 것을 원하니?
你喜欢米饭还是面条? 너는 밥을 좋아하니 아니면 면을 좋아하니?

'是'자문의 선택의문문은 다음과 같다.

㉮ 这是你的书还是他的? 이것은 너의 책이니 아니면 그의 책이니?
你是韩国人还是中国人? 당신은 한국인입니까 아니면 중국인입니까?

EXERCICE

1. 다음 문장을 읽으세요.

1) 这是汉语书。

2) 那不是铅笔，那是圆珠笔。

3) 我想吃馒头。

4) 这是饺子。那是包子。

5) 我喝咖啡。

2. 다음 문장으로 문답을 연습하세요.

1) A: 这是什么？

B: ____________________

2) A: 这是谁的汉语书？

B: ____________________

3) A: 那是铅笔吗？

B: ____________________

4) A: 你想吃什么？

B: ____________________

5) A: 你喝可乐还是咖啡？

B: ____________________

보충어휘

학습 · 사무 도구

桌子 zhuōzi : 책상 = 写字台 xiězìtái
椅子 yǐzi : 의자
书架 shūjià : 책꽂이
台灯 táidēng : 책상용 전등
书包 shūbāo : 책가방
文具 wénjù : 문구
课本 kèběn : 교과서
本子 běnzi : 노트 = 笔记本 bǐjìběn
练习本 liànxíběn : 연습장
记事本 jìshìběn : 메모지
笔盒 bǐhé : 필통 = 笔筒 bǐtǒng
铅笔 qiānbǐ : 연필
自动铅笔 zìdòngqiānbǐ : 샤프
圆珠笔 yuánzhūbǐ : 볼펜
荧光笔 yíngguāngbǐ : 형광펜
钢笔 gāngbǐ : 만년필
=自来水笔 zìláishuǐbǐ
签字笔 qiānzìbǐ : 싸인펜
砚台 yàntái : 벼루
墨水 mòshuǐ : 먹물, 잉크
毛笔 máobǐ : 붓
橡皮擦 xiàngpícā : 지우개
涂改液 túgǎiyè : 수정액
= 修正液 xiūzhèngyè
修正带 xiūzhèngdài : 수정테
胶带 jiāodài : 접착용테이프
透明胶带 tòumíngjiāodài : 스카치테이프
削笔机 xiāobǐjī : 연필깎이
胶水 jiāoshuǐ : 풀
= 糨糊 jiànghu, 浆糊 jiànghu
固体胶 gùtǐjiāo : 스틱풀
剪刀 jiǎndāo : 가위
尺子 chǐzi : 자
计算器 jìsuànqì : 계산기
图章 túzhāng : 도장
订书机 dìngshūjī : 호치키스
图钉 túdīng : 압정
曲别针 qūbiézhēn : 클립
黑板 hēibǎn : 칠판
粉笔 fěnbǐ : 분필
板擦儿 bǎncār : 칠판지우개

음료

饮料 yǐnliào : 음료수
开水 kāishuǐ : 끓인 물
凉开水 liángkāishuǐ : 끓여서 식힌 물
矿泉水 kuàngquánshuǐ : 생수
冰镇矿泉水 bīngzhènkuàngquánshuǐ : 얼음에 채운 생수

牛奶 niúnǎi ： 우유
咖啡 kāfēi ： 커피
美式咖啡 měishìkāfēi ： 아메리카노
速溶咖啡 sùróngkāfēi ： 인스턴트커피
纯咖啡 chúnkāfēi ： 블랙커피
原豆咖啡 yuándòukāfēi ： 원두커피
卡布其诺 kǎbùqínuò ： 카푸치노
摩卡咖啡 mókǎkāfēi ： 모카커피
浓咖啡 nóngkāfēi ： 에스프레소
拿铁咖啡 nátiěkāfēi ： 카페라떼
奶茶 nǎichá ： 밀크티
绿茶 lǜchá ： 녹차
龙井茶 lóngjǐngchá ： 용정차
乌龙茶 wūlóngchá ： 오룡차
铁观音 tiěguānyīn ： 철관음
茉莉花茶 mòlìhuāchá ： 자스민차
菊花茶 júhuāchá ： 국화차
普洱茶 pǔ'ěrchá ： 보이차
红茶 hóngchá ： 홍차

薏米茶 yìmǐchá ： 율무차
麦茶 màichá ： 보리차
酒酿 jiǔniáng ： 식혜
柿饼汁 shìbǐngzhī ： 수정과
果汁 guǒzhī ： 과일쥬스
鲜榨果汁 xiānzhàguǒzhī ： 생과일쥬스
橙汁 chéngzhī ： 오렌지쥬스
橘汁 júzhī ： 감귤쥬스
菠萝汁 bōluózhī ： 파인애플쥬스
柠檬汁 níngméngzhī ： 레몬쥬스
芦荟汁 lúhuìzhī ： 알로에쥬스
番茄汁 fānqiézhī ： 토마토쥬스
可乐 kělè ： 콜라
可口可乐 kěkǒukělè ： 코카콜라
百事可乐 bǎishìkělè ： 펩시콜라
雪碧 xuěbì ： 사이다
汾达 féndá ： 환타
啤酒 píjiǔ ： 맥주
扎啤 zhāpí ： 생맥주

식품

食品 shípǐn ： 식품
米饭 mǐfàn ： 쌀밥
锅巴 guōbā ： 누룽지
馒头 mántou ： 소 없는 찐빵
包子 bāozi ： 소가 든 찐빵
饺子 jiǎozi ： 만두

水饺 shuǐjiǎo ： 물만두
蒸饺 zhēngjiǎo ： 찐만두
煎饺 jiānjiǎo ： 군만두
鸡蛋 jīdàn ： 계란
煎蛋 jiāndàn ： 계란후라이
蒸蛋 zhēngdàn ： 찐계란

方便面 fāngbiànmiàn ： 라면
碗面 wǎnmiàn ： 사발면
油条 yóutiáo ： 튀긴 길쭉한 식품
馄饨 húntun ： 만두국
豆浆 dòujiāng ： 중국식 콩국
粥 zhōu ： 죽 = 稀饭 xīfàn
小米粥 xiǎomǐzhōu ： 좁쌀죽
绿豆粥 lǜdòuzhōu ： 녹두죽
八宝粥 bābǎozhōu ： 팔보죽
鲍鱼粥 bàoyúzhōu ： 전복죽
烧饼 shāobing ： 구운 빵
烧饼加鸡蛋 shāobingjiājīdàn ： 계란후라이 넣은 구운 빵
面条 miàntiáo ： 국수
刀削面 dāoxiāomiàn ： 중국식 칼국수
面包 miànbāo ： 빵
花卷 huājuǎn ： 꽃빵
蛋糕 dàngāo ： 케이크
面包卷 miànbāojuǎn ： 롤케이크
糕 gāo ： 떡
炸糕 zhágāo ： 튀긴 찹쌀떡
年糕 niángāo ： 설떡
蒸糕 zhēnggāo ： 송편
粽子 zòngzi ： 종자
月饼 yuèbing ： 월병
饼干 bǐnggān ： 과자
糖果 tángguǒ ： 사탕
酸奶 suānnǎi ： 요구르트
奶酪 nǎilào ： 치즈
巧克力 qiǎokèlì ： 초콜릿
下酒菜 xiàjiǔcài ： 술안주
干明太鱼 gānmíngtàiyú ： 북어
果干 guǒgān ： 말린 과실
葵瓜子 kuíguāzi ： 해바라기 씨
花生米 huāshēngmǐ ： 땅콩

패스트푸드

套餐 tàocān ： 세트메뉴
汉堡包 hànbǎobāo ： 햄버거
比萨饼 bǐsàbǐng ： 피자
沙拉 shālā ： 샐러드
薯条 shǔtiáo ： 감자튀김
甜甜圈 tiántiánquān ： 도너츠
炸鸡(腿) zhájī(tuǐ) ： 프라이드 치킨
三明治 sānmíngzhì ： 샌드위치
烤面包 kǎomiànbāo ： 토스트 = 吐司 tǔsī
热狗 règǒu ： 핫도그
冰淇淋 bīngqílín ： 아이스크림 = 冰淇凌 bīngqílíng
雪糕 xuěgāo ： 아이스바

보충어휘

豆沙刨冰 dòushābàobīng ： 팥빙수
番茄酱 fānqiéjiàng ： 케첩
果酱 guǒjiàng ： 잼
吸管 xīguǎn ： 빨대
赠券 zèngquàn ： 쿠폰
续杯 xùbēi ：（음료수를）리필하다

05 一共多少钱?

05 一共多少钱?

어휘

❶ 要 yào 조 ~하려고 한다
矿泉水 kuàngquánshuǐ 명 생수
瓶 píng 양 병을 세는 단위
一共 yīgòng 부 전부, 모두
钱 qián 명 돈
给 gěi 동 주다

❷ 香焦 xiāngjiāo 명 바나나
怎么 zěnme 대 어떻게, 왜
卖 mài 동 팔다
公斤 gōngjīn 킬로그램
种 zhǒng 양 종류
又~又~ yòu~yòu~ ~하기도 하고, 또한 ~하기도 하다
便宜 piányi 형 (값이) 싸다
好吃 hǎochī 형 맛있다
尝 cháng 동 맛보다
贵 guì 형 (값이) 비싸다
能 néng 조 ~할 수 있다
行 xíng 형 좋다, 괜찮다
找 zhǎo 동 거슬러 주다

❸ 件 jiàn 양 개, 가지, 벌
衣服 yīfu 명 옷, 의복
质量 zhìliàng 명 품질
价钱 jiàqián 명 값
别 bié 형 다른, 딴
颜色 yánsè 명 색깔
黄色 huángsè 명 노란색
真 zhēn 부 정말(로), 참으로
漂亮 piàoliang 형 예쁘다
啊 a 조 감탄의 어기를 나타낸다
可以 kěyi 조 ~해도 된다
试 shì 동 시험 삼아 해 보다, 시도하다

❹ 风衣 fēngyī 명 스프링코트
上街 shàngjiē 거리로 나가다
着急 zháojí 동 조급해하다
查 chá 동 찾아보다
哪些 nǎxiē 대 어느, 어떤(복수를 나타냄)
新款 xīnkuǎn 새로운 스타일(디자인)
其实 qíshí 부 사실은
常常 chángcháng 부 항상, 늘, 수시로

❶

A： 我要买矿泉水。

Wǒ yào mǎi kuàngquánshuǐ.

B： 买几瓶？

Mǎi jǐ píng?

A： 两瓶。 一共多少钱？

Liǎng píng. Yīgòng duōshao qián?

B： 一共七块。

Yīgòng qī kuài.

A： 给你钱。

Gěi nǐ qián.

❷

A： 你要点儿什么？

Nǐ yào diǎnr shénme?

B： 我要香焦，怎么卖？

Wǒ yào xiāngjiāo, zěnme mài?

A： 两块五一斤。这种又便宜又好吃。您尝尝。要多少？

Liǎng kuài wǔ yì jīn. Zhè zhǒng yòu piányi yòu hǎochī. Nín cháng chang. Yào duōshao?

B： 这么贵，能便宜点儿吗？

Zhème guì, néng piányi diǎnr ma?

A： 两块一斤，行了吧。
Liǎng kuài yī jīn, xíng le ba.

B： 好， 我要两斤。给您五块钱。
Hǎo, wǒ yào liǎng jīn. Gěi nín wǔ kuài qián.

A： 找你一块，请点一下。
Zhǎo nǐ yī kuài, qǐng diǎn yī xià.

③

A： 我要买件衣服。
Wǒ yào mǎi jiàn yīfu.

B： 你要买多少钱的?
Nǐ yào mǎi duōshao qián de?

A： 两三百块钱的。
Liǎng sān bǎi kuài qián de.

B： 你看看这件，质量又好，价钱又便宜。
Nǐ kànkan zhè jiàn, zhìliàng yòu hǎo, jiàqián yòu piányi.

A： 有没有别的颜色的?
Yǒu méi yǒu bié de yánsè de?

B： 那件黄色的怎么样?
Nà jiàn huángsè de zěnmeyàng?

A： 真漂亮啊！ 可以试一下儿吗？
Zhēn piàoliang a! Kěyi shì yī xiàr ma?

B： 可以。
kěyi.

A： 挺好的，就买这件吧。多少钱？
Tǐng hǎo de, jiù mǎi zhè jiàn ba. Duōshao qián?

B： 一百六十块钱。
Yī bǎi liùshí kuài qián.

A： 太贵了！ 能不能便宜点儿？
Tài guì le! Néng bu néng piányi diǎnr?

B： 一百五十块，怎么样？
Yī bǎi wǔ shí kuài, zěnmeyàng?

A： 好的。这是两百块钱。
Hǎo de. Zhè shì liǎng bǎi kuài qián.

B： 找给你五十块。谢谢！
Zhǎo gěi nǐ wǔ shí kuài. xièxie!

❹

A： 我想买一件风衣，可是没时间上街。

Wǒ xiǎng mǎi yī jiàn fēngyī, kěshì méi shíjiān shàngjiē.

B： 着什么急呀？ 我们上网看一看吧!

Zháo shénme jí ya? Wǒmen shàngwǎng kàn yī kàn ba!

A： 对啊! 我得上网查一查今年有哪些新款。

Duì a! Wǒ děi shàngwǎng chá yī chá jīnnián yǒu nǎ xiē xīnkuǎn.

B： 其实我常常在网上买衣服。

Qíshí wǒ chángcháng zài wǎngshàng mǎi yīfu.

해설

1) 公斤 (kg, 킬로그램)

자주 쓰이는 무게 단위이다. 중국에서는 아직도 많은 사람들이 '斤'이나 '两'과 같은 무게 단위를 사용한다.

㉮ 1公斤(kg) = 2斤(근) =20两(량) = 1,000克(g)

2) 미터법 도량형 단위

(1) 길이 : 毫米 háomǐ (mm), 厘米 límǐ (cm), 米 mǐ (m), 公里 gōnglǐ (km)

(2) 무게 : 克 kè (g), 两 liǎng (50g), 斤 jīn (500g), 公斤 gōngjīn (kg), 吨 dūn (ton)

(3) 면적 : 平方厘米 píngfānglímǐ (cm^2), 平方米 píngfāngmǐ (m^2), 平方公里 píngfānggōnglǐ (km^2)

(4) 부피 : 立方厘米 lìfānglímǐ (cm^3), 立方米 lìfāngmǐ (m^3), 立方公里 lìfānggōnglǐ (km^3)

(5) 용량 : 毫升 háoshēng (mℓ), 公升 gōngshēng (ℓ)

3) 중국의 결제 시스템

요즘 중국에서는 식당이나 대형마트뿐만 아니라, 길거리 음식 파는 가판대에서도 알리페이나 위챗페이 같은 모바일 간편 결제(QR코드 결제시스템)를 이용하는 것이 일상화되었다. 이를 이용하려면 중국 내 은행에서 발급받은 카드를 등록해야 한다. 중국 여행객들도 중국은행계좌, 여권번호가 있으면 이용 가능하다.

문법

1) 인민폐의 단위와 금액 읽는 법

중국화폐 인민폐(人民币 rénmínbì)의 단위는 문어체와 구어체로 구분된다. 문어체에서는 元(=10角), 角(=10分), 分의 단위가 쓰이며, 구어체에서는 块(10毛), 毛(10分), 分의 단위가 쓰인다. 1元은 2019년 2월 기준 165원 정도에 해당된다. 금액을 읽는 방법은 다음과 같다.

(1) 구어에서 하나의 단위만 쓰일 경우, 마지막에 '钱(qián)'자를 붙여 말할 수 있다.

10元 : 十块(钱)　　11元 : 十一块
0.50元 : 五毛(钱)　　17元 : 十七块

(2) 금액의 마지막 단위는 생략할 수 있다.

4.80元 : 四块八(毛)　　23.40元 : 二十三块四
3.50元 : 三块五(毛)　　15.50元 : 十五块五

(3) 2가 단독으로 쓰이거나, 맨앞의 화폐단위에 놓일 때는 반드시 '两(liǎng)'으로 읽는다. 그러나 '2'가 마지막 자리에 쓰이면 '二(èr)'로 읽는다.

2.00元 : 两块　　2.22元 : 两快两毛二 两快二毛二
0.20元 : 两毛　　2,210元 : 两千二百一十块
2.20元 : 两块二　　2,100元 : 两千一百块

(4) 금액의 중간단위가 비어 있을 때는 '零(líng)'으로 읽는다. '0'이 계속될 때도 한 번만 읽는다.

105.00元 : 一百零五(块)　　505元 : 五百零五块
30,070元 : 三万零七十块　　20,022元 : 两万零二十二块

(5) 백단위 이상부터는 반드시 'yi'를 붙여 읽고, 맨 앞 십단위는 'yi'를 붙여 읽지 않는다. 단 '110.00원'는 모두 'yi'자를 붙여 읽는다.

10元 : 十块　　105元 : 一百零五块
100元 : 一百块　　1,164元 : 一千一百六十四块
1,000元 : 一千块　　1,413元 : 一千四百一十三块
110元 : 一百一十块　　1,500元 : 一千五百块

2) 조동사(2) -'能'·'可以'·'要'

(1) 能

① 능력((능력이 있어서)~할 수 있다) : 주관적인 능력을 나타낸다. 부정형은 '不能'(~할 수 없다)을 쓴다.

예 我能教汉语。 나는 중국어를 가르칠 수 있다.

明天我很忙，不能来。 나는 내일 무척 바빠서 올 수 없다.

② 허가(~해도 된다) : 이치나 도리상의 허가를 물을 때 '可以'와 같은 용법으로 쓸 수 있다. 주로 의문문과 부정문에 쓰인다.

(2) 可以

① 능력(~할 수 있다) : 주관적인 능력을 나타내며, 그 능력은 일정한 정도나 수준의 능력을 말한다. 부정형은 '不能'이나 가능보어의 부정형을 쓰며, '不可以'를 쓸 수 없다.

예 她可以说五种外语。 그녀는 5개 국어를 할 수 있다.

② 허가(~해도 된다) : 허락 또는 이치나 도리상의 허가를 나타낸다. 주로 긍정형에 쓰인다. 부정형식은 '不可以'(~해서는 안 된다)나 '不能'(~할 수 없다) 모두 쓸 수 있으나, 주로 '不能'을 쓴다.

예 这儿可以抽烟吗？ 여기서 담배를 피워도 됩니까?

③ 가능(~할 수 있다) : 객관적 가능성을 나타낸다. 부정형은 '不能'이나 가능보어의 부정형을 쓰며, '不可以'는 쓸 수 없다.

예 这儿可以用美元吗？ 이곳에서 달러를 쓸 수 있나요?

/ 不能用。사용할 수 없어요.

④ 가치(~할 만 하다, = 值得) : 무엇을 할 만한 가치가 있음을 나타낸다. 부정형은 '不值得'를 쓴다.

예 这本书写得很好，你可以看看。 이 책은 잘 썼기 때문에, 네가 볼 만하다.

(3) 要

① 필요 (~해야 한다) : 이치상·도리상의 객관적 필요를 나타낸다. 부정형은 '不用·不必'(~할 필요가 없다)를 쓴다.

예 东西很多, 要我帮你吗? 물건이 많은데, 제가 도와드릴까요?
谢谢, 不用。 감사합니다만, 괜찮습니다.

② 의지 (~하려고 한다) : 주관적인 의지를 나타낸다. 부정형은 '不想'(~하고 싶지 않다)을 쓴다.

예 我要学汉语。 나는 중국어를 배우려고 한다.
我不想去长城。 나는 만리장성에 가고 싶지 않다.

※ 동사 '要'는 '원하다, 필요하다'는 의미로서, 원하는 사물 앞에 붙여 그 사물을 원한다는 의미가 된다. 물건을 살 때 혹은 주문할 때 쓰인다.

예 我要面包。 나는 빵을 원합니다.

3) 연합복문(1)-병렬관계(1)

(1) '又 A~, 又 B~'(A하기도 하고, 또한 B하기도 하다): '又 A, 又 B'는 동사나 형용사를 연결하여, 두 개의 성질이나 상황이 동시에 존재함을 나타낸다.

예 大家又说又笑。 모두들 말하기도 하며 웃기도 합니다.
他们高兴极了, 又唱又跳。 그들은 너무 기뻐서 노래도 불렀다가 춤도 추었다.
那件衣服又好看又便宜。 저 옷은 예쁘고도 싸다.
这个东西又大又重, 怎么才能搬走呢? 이 물건은 크고도 무거워서, 어찌 운반할 수 있겠는가?

(2) '既 A~, 又 B~'(A하기도 하고, 또한 B하기도 하다): 동사(구)나 형용사를 연결하여, 두 개의 상황이나 성질을 동시에 지니고 있음을 나타낸다. 주로 주어가 동일하며, B에 비중이 있으며, 뒷 절은 앞 절의 내용을 보충 설명한다.

㉮ 他的妹妹既漂亮，又温柔。 그의 여동생은 예쁠 뿐만 아니라, 또한 온유하다.
她既会唱歌，又会跳舞，很有才能。 그녀는 노래를 부를 수 있을 뿐만 아니라, 춤도 출줄 알아, 아주 재능이 많다.

(3) '既 A～, 也 B～'(A하기도 하고, 또한 B하기도 하다): 동사나 복잡한 동사구를 연결시켜, 두 개의 상황이 동시에 공존함을 나타낸다. 주로 주어가 동일하며, B에 비중이 있으며, 뒷절은 앞절의 내용을 보충 설명한다. '既 A, 也 B'는 '既 A, 又 B'와 용법이 비슷하나, '既 A, 又 B'보다 어감이 약하다.

㉮ 他既懂汉语，也懂英语。 그는 중국어를 이해할 뿐 아니라, 영어도 이해한다.
学习汉语既要有信心，也要有耐心。 중국어를 학습하는 데는 자신감도 가져야 할 뿐만 아니라, 인내심도 있어야 한다.

4) 감탄문

정도나 의문을 나타내는 부사와 조사 '啊'가 호응해서 감탄의 의미를 나타낸다.

㉮ 这件衣服真漂亮啊! 이 옷 정말로 예쁘구나!
今天的天气多好啊! 오늘 날씨 정말 좋구나!

5) 의문문(4) -정중한 의문문

먼저 자신의 의견을 제시하고 상대방의 의사를 정중히 묻는 의문문이다. 이 의문문에서 앞부분은 평서문이다. '好吗?(好不好?)' '行吗?(行不行?)' '可以吗?(可不可以?)' '怎么样?'의 방법이 있다.
동의할 때는 '好(啊)' '行' '可以' 등으로 대답하고, 동의하지 않을 때에는 보통 '对不起'를 써서 동의하지 못해 미안함을 표시하고, 그 이유를 말한다.

예 我们跟他一起去, 好吗? 우리들도 그와 함께 가도 되겠습니까?
/ 很好。좋아요.
你先吃饭吧, 好不好? 당신 먼저 식사하는 거, 괜찮으세요?
听说鲁菜很好吃, 咱们去尝尝, 好吗? 듣자하니, 산동요리가 맛있다던데, 우리 맛 한 번 보러 가는 거, 어떠세요?

6) '(一)点儿'(조금, 약간)과 '有点儿'(조금, 약간)

(1) '(一)点儿'은 수량사로서 양이 적음을 나타내고, 주로 명사를 앞에서 수식한다. 동사나 형용사 술어 뒤에 쓰이기도 하는데, 이때는 정도가 경미함을 나타낸다.

예 我喝了一点儿水。 나는 물을 조금 마셨다.
请多吃点儿吧。 좀 더 드세요.
有大点儿的鞋吗? 좀 더 큰 신발 있습니까?
冷一点儿。 좀 춥다.

(2) '有点儿'은 부사로서 주로 동사 혹은 형용사 술어를 앞에서 수식한다. 역시 정도가 경미함을 나타낸다. 그러나 형용사 앞에 쓰일 때에는 대부분 '여의치 않거나 다소 불만족스러움'을 나타낸다.

예 这种车有点儿贵。 이 차는 조금 비싸다.
他有点儿不高兴。 그는 기분이 좀 안 좋다.
这个苹果有点儿酸。 이 사과는 약간 시다.
八点上课有点儿早。 8시에 수업하는 것은 좀 이르다.

비교

예 冷一点儿。 약간 춥다. 객관적임
有点儿冷。 약간 춥다. 다소 불만스러움을 나타냄

EXERCICE

1. 다음 문장을 읽으세요.

1) 这种又便宜又好吃。
2) 我要两斤。
3) 找你一块，请点一下。
4) 你看看这件，质量又好，价钱又便宜。
5) 我想买一件风衣，可是没时间上街。

2. 다음 문장으로 문답을 연습하세요.

1) A: 你要点儿什么？
   B: ______________________
2) A: 我要香蕉，怎么卖？一共多少钱？
   B: ______________________
3) A: 这么贵，能便宜点儿吗？
   B: ______________________
4) A: 你要买多少钱的？
   B: ______________________
5) A: 你最喜欢什么颜色？
   B: ______________________
6) A: 你今天穿的衣服是什么颜色？
   B: ______________________

보충어휘

화폐

块 kuài ：원 = 元 yuán
毛 máo ：10전 = 角 jiǎo
分 fēn ：1전
零钱 língqián ：잔돈
硬币 yìngbì ：동전 = 铜币 tóngbì

钞票 chāopiào ：지폐 = 纸币 zhǐbì
现金 xiànjīn ：현금
支票 zhīpiào ：수표
旅行支票 lǚxíngzhīpiào ：여행자수표

각국의 화폐

韩币 hánbì ：한국 원
人民币 rénmínbì ：중국 위엔
日元 rìyuán ：일본 엔
美元 měiyuán ：미국 달러
英镑 yīngbàng ：영국 파운드

法郎 fǎláng ：프랑스 프랑
马克 mǎkè：독일 마르크
台币 táibì ：대만 달러
港币 gǎngbì ：홍콩 달러
欧元 ōuyuán ：유럽 유로

과일

水果 shuǐguǒ ：과일
削 xiāo ：깎다
剥 bāo ：까다, 벗기다
切 qiē ：자르다
摘 zhāi ：따다
苹果 píngguǒ ：사과
香焦 xiāngjiāo 바나나
西瓜 xīguā ：수박
香瓜 xiānguā ：참외 = 甜瓜 tiánguā
哈密瓜 hāmìguā ：하미과, 멜론
= 厚皮甜瓜 hòupítiánguā

葡萄 pútao ：포도
草梅 cǎoméi ：딸기
桃子 táozi ：복숭아
柿子 shìzi ：감
橘子 júzi ：귤
梨子 lízi ：배
李子 lǐzi ：자두
杏子 xìngzi ：살구
栗子 lìzi ：밤
荔枝 lìzhī ：여지
橙子 chéngzi ：오렌지

柠檬 níngméng ： 레몬
樱桃 yīngtáo ： 앵두
西红柿 xīhóngshì ： 토마토
菠萝 bōluó ： 파인애플
猕猴桃 míhóutáo ： 키위
核桃 hétáo ： 호도
枣儿 zǎor ： 대추 = 枣子 zǎozi
松子 sōngzǐ ： 잣
木瓜 mùguā ： 모과
石榴 shíliú ： 석류
梅子 méizi ： 매실
柿干 shìgān ： 곶감
葡萄干 pútaogān ： 건포도

색깔

白色 báisè 흰색
黑色 hēisè 검정색
灰色 huīsè 회색
红色 hóngsè 빨간색
黄色 huángsè 노란색
绿色 lǜsè 초록색
蓝色 lánsè 파란색
紫色 zǐsè 보라색
棕色 zōngsè 갈색 = 褐色 hèsè
橘黄色 júhuángsè 주황색
粉红色 fěnhóngsè 분홍색
天蓝色 tiānlánsè 하늘색

06 现在几点?

06 现在几点?

어휘

❶ 现在 xiànzài 명 지금, 현재
几 jǐ 대 몇
点 diǎn 양 시
七 qī 수 칠
一刻 yíkè 수량 15분
今天 jīntiān 명 오늘
上课 shàngkè 동목 수업하다
半 bàn 명 반
快 kuài 형 빠르다
走 zǒu 동 걷다
晚 wǎn 형 늦다
怎么样 zěnmeyàng 대 어떻습니까?
六 liù 수 육
吧 ba 조 문미에 쓰여 제의를 나타낸다
校门口儿 xiàoménkǒur 명 교문 앞
不见不散 bújiànbúsàn 올 때까지 기다리다

❷ 每天 měitiān 매일
起床 qǐchuáng 동 기상하다
差 chà 형 부족하다, 모자라다
五 wǔ 수 다섯
分 fēn 양 분
晚上 wǎnshang 저녁
睡觉 shuìjiào 동목 잠자다

❸ 一起 yìqǐ 부 함께
饭 fàn 명 식사

1

A： 现在几点?

Xiànzài jǐ diǎn?

B： 七点一刻。

Qī diǎn yí kè.

A： 今天几点上课?

Jīntiān jǐ diǎn shàngkè?

B： 七点半上课。

Qī diǎn bàn shàngkè.

A： 你快走，别晚了。

Nǐ kuài zǒu, bié wǎn le.

2

A： 你每天几点起床?

Nǐ měitiān jǐ diǎn qǐchuáng?

B： 差五分七点。

Chà wǔ fēn qī diǎn.

A： 晚上几点睡觉?

Wǎnshang jǐ diǎn shuìjiào?

B： 十一点半睡觉。

Shí yī diǎn bàn shuìjiào.

3

A： 晚上一起吃饭，好吗?

Wǎnshang yìqǐ chīfàn, hǎo ma?

B： 好的。 我们几点见面?

Hǎo de. Wǒmen jǐ diǎn jiànmiàn?

A： 五点半怎么样?

Wǔ diǎn bàn zěnmeyàng?

B： 太早了。六点一刻吧。

Tài zǎo le. Liù diǎn yí kè ba.

A： 好的。 六点一刻在校门口儿见。

Hǎo de. Liù diǎn yí kè zài xiàomén kǒur jiàn.

B： 不见不散。

Bú jiàn bú sàn.

문법

1) 시간의 표현

(1) 现在几点(了)? : 시간을 물을 때 쓰는 표현으로, '지금 몇 시입니까?'라는 뜻이다. '点'은 명사로 '시간'의 의미를 나타낸다.

예 A: 现在几点? 지금 몇 시입니까?

B: 八点二十分。8시 20분입니다.

(2) 시간을 읽는 법

① '시'는 '点 diǎn'

예 2시 → 两点 liǎngdiǎn

② '분'은 '分 fēn'

예 5시 10분: 五点十分

5시 15분: 五点十五分 (= 五点一刻)

5시 30분: 五点三十分 (= 五点半)

5시 45분: 五点四十五分 (= 五点三刻)

5시 55분: 五点五十五分 (= 差五分六点)

③ '초'는 '秒 miǎo'이다

2) 의문문(2)-의문사 의문문(2)-'几'와 '多少'

'几'와 '多少'는 모두 의문사로서 수량을 물을 때 쓴다. '几'는 일반적으로 10보다 적은 수량을, '多少'는 10이상의 수량을 물을 때 쓴다. '几'는 수사이므로 '几'와 명사 사이에 반드시 양사가 와야 하며, '多少'는 '多少'와 명사 사이에 양사가 와도 되고 오지 않아도 된다.

예 你有几支铅笔? 너는 연필 몇 자루 있니?

你们班有多少(个)学生? 너희 반은 학생이 몇 명이니?

3) 부사 '就'(벌써)와 '才'(겨우)

만약 시간사가 앞에 있으면, '就'는 동작의 발생이 예상보다 빠름을, '才'는 예상보다 늦었음을 나타낸다.

예 我七点就出来了。 나는 7시에 벌써 나왔다.
他一个星期以后才能到。 그는 일주일 이후에나 도착할 수 있다.
我妈妈六点就起床了，我十点才起床。 어머니는 (벌써) 6시에 일어나셨고, 나는 10시가 돼서야 일어났다.

4) 어기조사 '吧'

문장 끝에 쓰여 '추측·제의·권유·명령·동의' 등의 어기를 나타낸다.

① 추측 (~겠지?)
예 他在家吧? 그는 집에 있겠지?
你是韩国人吧? 당신은 한국인이죠?

② 제의 (~하자)
예 下雨了，我们快点走吧! 비가 내리니까, 우리들 좀 빨리 가자!
我们一起去看电影吧! 우리 함께 영화보러 가자!

③ 권유 (~하죠)
예 快请坐吧。 어서 앉으세요.
你在家等我吧。 당신은 집에서 저를 기다리세요.

④ 명령 (~하라)
예 你快点儿走吧。 당신 빨리 좀 가세요.
你明天来吧。 너 내일 와라.

⑤ 동의
예 好吧，就这么办。 좋아, 그렇게 합시다.

EXERCICE

1. 다음 문장을 읽으세요.

1) 七点一刻。

2) 差五分七点。

3) 十一点半睡觉。

4) 五点半怎么样?

5) 不见不散。

2. 다음 문장으로 문답을 연습하세요.

1) A: 现在几点?

B: ______________________

2) A: 你早上几点起床?

B: ______________________

3) A: 晚上几点睡觉?

B: ______________________

4) A: 今天几点上课?

B: ______________________

5) A: 晚上一起吃饭, 好吗?

B: ______________________

보충어휘

시계

挂钟 guàzhōng : 벽시계
闹钟 nàozhōng : 자명종
手表 shǒubiǎo : 손목시계
怀表 huáibiǎo : 회중시계
电子表 diànzǐbiǎo : 전자시계

하루의 시간

早晨 zǎochén : 이른 아침
早上 zǎoshang : 아침
上午 shàngwǔ : 오전
中午 zhōngwǔ : 정오
下午 xiàwǔ : 오후
晚上 wǎnshang : 저녁
夜里 yèli : 밤
白天 báitiān : 낮
昼夜 zhòuyè : 주야
每天 měitiān : 매일
整天 zhěngtiān : 온종일
= 成天 chéngtiān
半天 bàntiān : 한나절, 한참동안
分钟 fēnzhōng : 분간(분의 길이)
小时 xiǎoshí : 시간(시간의 길이)
= 钟头 zhōngtóu

일과

起床 qǐchuáng : 일어나다
刷牙 shuāyá : 이를 닦다
洗脸 xǐliǎn : 세수하다
梳头 shūtóu : 머리를 빗다
打扮 dǎban : 화장하다, 치장하다
穿衣服 chuānyīfu : 옷을 입다
吃早饭 chīzǎofàn : 아침을 먹다
上学 shàngxué : 등교하다
上班 shàngbān : 출근하다
上课 shàngkè : 수업하다
吃午饭 chīwǔfàn : 점심을 먹다
学习 xuéxí : 공부하다
工作 gōngzuò : 일하다
下课 xiàkè : 수업을 마치다
放学 fàngxué : 하교하다
下班 xiàbān : 퇴근하다
做作业 zuòzuòyè : 숙제하다
上网 shàngwǎng : 인터넷하다
做运动 zuòyùndòng : 운동하다
= 锻炼身体 duànliànshēnti

看电视 kàndiànshì：텔레비전을 보다

参加社团 cānjiāshètuán ：동아리에 참가하다 = 参加俱乐部 cānjiājùlèbù

逛街 guàngjiē ：쇼핑하다

洗澡 xǐzǎo ：샤워하다

睡觉 shuìjiào ：잠자다

07 今天几月几号?

07 今天几月几号?

어휘

❶ 月 yuè 명 월
号 hào 명 일
生日 shēngrì 명 생일
还 hái 부 아직
有 yǒu 동 있다
两 liǎng 수 둘
天 tiān 명 하루, 날, 일
那么 nàme 접 그러면
后天 hòutiān 명 모레
对 duì 형전 맞다, ~에 대하여
吧 ba 조 추측을 나타낸다
家 jiā 명 집
玩儿 wánr 동 놀다
一定 yídìng 부 꼭, 반드시
去 qù 동 가다

❷ 星期 xīngqī 명 주, 요일
星期三 xīngqīsān 수요일
时候 shíhou 명 때, 시각
课 kè 명 수업
从 cóng 전 부터, 에서
到 dào 전 까지

都 dōu 부 모두
语法 yǔfǎ 명 문법
没有 méiyǒu 동 없다
星期六 xīngqīliù 명 토요일
星期天 xīngqītiān 명 일요일

❶

A： 今天几月几号?

Jīn tiān jǐ yuè jǐ hào?

B： 今天六月二十五号。

Jīn tiān liù yuè èr shí wǔ hào.

A： 你的生日几月几号?

Nǐ de shēngrì jǐ yuè jǐ hào?

B： 还有两天。六月二十七号。

Hái yǒu liǎng tiān. Liù yuè èrshí qī hào.

A： 那么后天是你的生日，对吧?

Nàme hòutiān shì nǐ de shēngrì, duì ba?

B： 对。后天你来我家玩儿。

Duì. Hòutiān nǐ lái wǒ jiā wár.

A： 我一定去。

Wǒ yīdìng qù.

2

A： 今天星期几?

Jīntiān xīngqījǐ?

B： 今天星期三。

Jīntiān xīngqīsān.

A： 你什么时候有课?

Nǐ shénme shíhou yǒu kè?

B： 从星期一到星期五我都有课。

Cóng xīngqīyī dào xīngqīwǔ wǒ dōu yǒu kè.

A： 星期三你有语法课吗?

Xīngqīsān nǐ yǒu yǔfǎ kè ma?

B： 没有，星期二有语法课。

Mé yǒu, xīngqīèr yǒu yǔfǎ kè.

A： 你星期几没有课?

Nǐ xīngqījǐ méi yǒu kè?

B： 星期六、星期天。

Xīngqīliù、xīngqītiān.

해설

1) 날짜의 표현

(1) 연월일의 표현

① 연도를 읽을 때는 숫자를 하나하나 읽으면 된다.

예 2019年 : èr líng yī jiǔ nián

② 1월부터 12월은 다음과 같이 나타낸다.

一月	二月	三月	四月	五月	六月
yīyuè	èryuè	sānyuè	sìyuè	wǔyuè	liùyuè
七月	八月	九月	十月	十一月	十二月
qīyuè	bāyuè	jiǔyuè	shíyuè	shíyīyuè	shíèryuè

③ 날짜는 회화에서는 숫자 뒤에 바로 '号(hào)'를 붙이고, 서면일 때는 '日(rì)'를 쓴다.

예 一号　二号　三十一号
yīhào　èrhào　sānshíyīhào

(2) 요일의 표현

일주일을 나타내는 방법은 다음과 같다.

星期一 xīngqīyī ：월요일
星期二 xīngqīèr ：화요일
星期三 xīngqīsān ：수요일
星期四 xīngqīsì ：목요일
星期五 xīngqīwǔ ：금요일
星期六 xīngqīliù ：토요일
星期天 xīngqītiān = 星期日 xīngqīrì ：일요일

(3) 기타 날짜의 표현

①	前天 qiántiān	昨天 zuótiān	今天 jīntiān	明天 míngtiān	后天 hòutiān
	그제	어제	오늘	내일	모레

②	上(个)星期 shànggexīngqī	这(个)星期 zhègexīngqī	下(个)星期 xiàgexīngqī
	지난주	이번주	다음주
③	上个月 shànggeyuè	这个月 zhègeyuè	下个月 xiàgeyuè
	지난달	이번달	다음달

④	前年 qiánnián	去年 qùnián	今年 jīnnián	明年 míngnián	后年 hòunián
	재작년	작년	올해	내년	내후년

문법

1) 특수문(1)-연동문

동일한 하나의 주어에 대해 두 개 이상의 동사나 동사구를 연이어 배열하면 순서에 따라 동작이 발생함을 나타낼 수 있는데, 이러한 문장을 연동문(连动文)이라고 한다.

(1) 형식

긍정형: 주어 + 동사1～ + 동사2 + (了) ～。
부정형: 주어 + 不 / 没有 + 동사1～ + 동사2～。

예 我们一起去玩儿吧。우리들 함께 놀러 가자.

你明天来我家吃饭, 好吗? 너 내일 우리 집에 식사하러 오는 거, 괜찮겠니?

(2) 용법

① 동작(행위)의 목적

뒤의 동작은 앞의 동작을 위한 목적이다. 이때는 뒤에서부터 해석한다.

예 你来中国做什么? 너는 중국에 무엇하러 왔니?

我们到商店去买东西。 우리들은 물건을 사러 상점에 간다.

小苏下星期一去旅行。소 군은 다음주 월요일에 여행 간다.

② 동작의 수단이나 도구

앞의 수단이나 도구를 사용하여 뒤의 것을 실현한다. 앞뒤의 어순은 동작이 행해지는 순서와 일치한다.

예 我们后天坐船去南京。 우리들은 모레 배를 타고 남경에 갈 것이다.

中国人用筷子吃饭。 중국인은 젓가락을 사용하여 밥을 먹는다.

③ 동작의 방식

앞의 방식을 써서 뒤의 것을 실현한다. 앞뒤의 어순은 동작이 행해지는 순서와 일치한다. 앞 동사에 '着'을 붙인다.

예 他坐着看电视。 그는 앉아서 텔레비전을 본다.

他躺着看书。 그는 누워서 책을 본다.

④ 동작의 전후 순서

앞 동작이 완전히 끝난 후 뒤에 동작이 이어짐을 나타낸다.

예 我关灯睡觉了。 나는 불을 끄고 잠을 잤다.

她放了学就回家了。 그녀는 수업을 마치고 집으로 돌아갔다.

2) 특수문(2) - '有'자문

(1) 형식

긍정형: 주어 (인칭대명사) + 有 + 목적어。(사람·사물)

부정형: 주어 + 没有 + 목적어。

의문형: 주어 + 有 + 목적어 + 吗?

주어 + 有没有 + 목적어?

예

긍정형 : 我有弟弟。 나는 남동생이 있다.

부정형 : 我明天没有工夫。 나는 내일 시간이 없다.

의문형 : 你现在有五块钱吗? 당신은 지금 5원 있습니까?

① 소유(~을 가지고 있다)

'A 有 B'형식으로 동사 '有(yǒu)'가 술어로 쓰인 문장을 말한다. 'A는 B를 가지고 있다'는 뜻으로 소유를 나타내며, 부정은 '没有' 이다. 주어에는 인칭대명사가 온다.

② 존재(~이 있다) **본서(상권) 제 10과 p.168 참조**

3) 양사

사물·동작행위·시간을 세는 단위를 나타내는 낱말이다. 크게 명량사(名量词)와 동량사(动量词)로 구분된다.

1) 명량사: 명사를 세는 단위를 표시한다. 보통 '양사'라고 말하며, 양사의 위치는 '수사 + 양사 + 명사' 순이다.

예 一个人 한 사람
两本书 책 두 권
三个包子 빵 세 개
四口人 네 식구
四节课 수업 네 시간
五本书 책 다섯 권

※ 숫자 2(二)가 양사와 함께 쓰일 경우, '二' 대신 '两'을 쓴다.

※ '门'은 학문이나 기술 따위의 항목을 세는 데 쓰이는 양사로 과목의 수를 셀 때 쓰이며, '节'은 여러 개로 나누어진 것을 세는 데 쓰이는 양사로 수업 시간을 셀 때 쓰인다.

4) 전치사 구조와 전치사 용법(1)

전치사 '从' '到' 등은 명사성 어구와 결합하여 전치사 구조를 이룬다. 전치사 구조는 주로 동사 술어 앞에 쓰여 부사어 역할을 하며, 시간·장소·방향·대상 등의 의미를 나타낸다. 주요 전치사로는 '到·从·在·离·往·向·跟·和·给·对' 등이 있다. 전치사의 중국어 명칭은 개사(介词) 이다.

(1) 형식

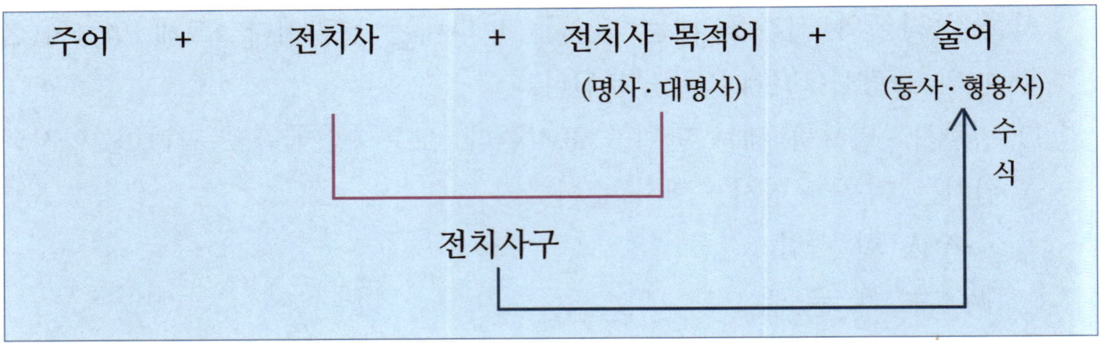

(2) 용법(1)

시간·장소

① 从

㉠ 시간·장소의 기점을 나타낸다. (~부터·~에서)

예 从今天早上开始不舒服的。 오늘 아침부터 아프기 시작했다.

㉡ 경유지를 나타낸다. (~을 거쳐)

예 列车从这儿经过。 열차는 여기를 통과한다.

② 打: 시간·장소의 기점을 나타내며, 구어체에 쓰인다. (~부터·~에서 = 从)

예 打今天起, 每天晚上学习一个小时。 오늘부터 매일 저녁 한 시간씩 학습한다.

46路公共汽车打市政府门前经过。 46번 시내버스는 시청정문 앞을 지난다.

③ 自: 시간·장소의 기점을 나타낸다. '동사 + 自'의 형태로 쓰인다. (~부터·~에서)

예 这篇文章摘自《读者》。 이 문장은 《독자》에서 발췌했다.

我们来自全国各地。 우리들은 전국 각지에서 왔다.

④ 由: 시간·장소의 기점을 나타낸다. (~부터·~에서)

예 飞机明早七点由东郊机场起飞。 비행기가 내일 아침 7시에 동교공항에서 이륙한다.

⑤ 到: 시간·장소에 도달함을 나타낸다. (~까지)

예 他每天工作到下午五点。 그는 오후 5시까지 일합니다.
现在我们已经学到二十八课了。 현재 우리들은 28과까지 배웠다.

⑥ 在: 행해지는 장소나 시간을 나타낸다. (~에서 · ~에)

예 每天早上在公园里散步。 매일 아침 공원에서 산책을 한다.
我在北京大学学习。 나는 북경대학에서 공부한다.

⑦ 离: 두 지점 간의 공간적·시간적 거리를 표현할 때, 기준점을 나타낸다. (~에서 · ~까지)

예 学校离我家不太远。 학교는 우리집에서 그다지 멀지 않다.
机场离市区很远。 공항은 시내에서 아주 멀다.
离上课时间还有十分钟。 수업 시작 때까지 10분 남았다.
离开学还有一个星期。 개학까지 아직 일주일 남았다.

수단

(1) 用: 수단을 나타낸다. (~을 사용하여)

예 请用圆珠笔写清楚。 볼펜으로 정확하게 써 주십시오.

5) 부정부사 '不'와 '没' 용법비교

'不'과 '没(有)'는 모두 부정을 나타내는 부사지만 용법은 다르다. 즉 '不'은 대개 의지·판단에 대한 부정을, '没有'는 발생 변화에 대한 부정을 나타낸다. 그 구체적인 용법은 다음과 같다.

(1) 不

① 과거·현재·미래의 일상적 혹은 습관적인 동작(행위)의 부정

예 我不吃早饭。 나는 아침밥을 먹지 않는다.
我不睡午觉。 나는 낮잠을 자지 않는다.
他以前不抽烟, 现在也不抽烟。 그는 이전에 담배를 피우지 않았고, 지금도 피우지 않는다.

② 현재·미래의 동작(행위) 부정

예 我现在不去。 나는 지금 안 간다.

明天不休息。 내일은 쉬지 않는다.

③ 판단이나 존재 동사(是·像·在·存在)의 부정

예 现在不是看红叶的季节。 지금은 단풍놀이 계절이 아니다.

他不是我的老师。 그는 나의 선생님이 아니다.

她不像她妈妈。 그녀는 그녀의 엄마를 닮지 않았다.

④ 심리적인 동사(了解·知道·喜欢 등)의 부정

예 来中国以前, 我不喜欢吃香菜。 중국에 오기 전에는 향채를 즐겨먹지 않았다.

⑤ 조동사의 부정

예 我不能解决这个问题。나는 이 문제를 해결할 수 없다.

小时候, 我不会骑自行车。 어릴 때, 나는 자전거를 탈 줄 몰랐다.

※ '能'과 '敢'은 '没'로 부정할 수도 있다.

예 我昨天病了, 不能去上课。 (○) 나는 어제 병이 나서, 수업에 갈 수 없었다.

我昨天病了, 没能去上课。 (○)

⑥ 형용사의 성질이나 상태의 부정

예 房间里的空气不新鲜。 방안의 공기가 신선하지 않다.

这个西红柿不红。 이 토마토는 빨갛지 않다.

⑦ 부사의 정도나 범위의 부정

예 那个湖不太大。 그 호수는 그다지 크지 않다.

他们不都是中国人。 그들은 모두 중국인이 아니다.

(2) 没(有)

① 과거 동작(행위)의 부정

㊞ 昨天没下雨。 어제는 비가 오지 않았다.

昨天我没换钱。 어제 나는 돈을 바꾸지 않았다.

② 과거·현재의 동작(행위)의 미실현이나 미발생

㊞ 我没学过汉语。 나는 중국어를 배운 적이 없다.

老师还没来。 선생님께서 아직 오시지 않았다.

花没有开。 꽃이 피지 않았다.

③ 소유나 존재를 나타내는 '有'의 부정

㊞ 我没有钱。 나는 돈이 없다.

房间里没有人。 방 안에 사람이 없다.

④ 형용사 앞에 놓여 성질·상태의 변화 발생 또는 완성에 대한 부정

㊞ 天没晴, 今天还去不了。 날씨가 개이지 않아, 오늘도 갈 수 없다.

这个西红柿没红。 이 토마토는 빨개지지 않았다.

⑤ 결과보어에 대한 부정

㊞ 桂林的住宿房间还没订好。 계림의 숙박이 아직 정하지 않았다.

EXERCICE

1. 다음 문장을 읽으세요.

1) 今天六月二十五号。
2) 今天星期三。
3) 还有两天。
4) 后天你来我家玩儿。
5) 从星期一到星期五我都有课。

2. 다음 문장으로 문답을 연습하세요.

1) A: 今天几月几号? 星期几?
   B: ____________________
2) A: 你的生日几月几号? (=你的生日是哪一天?)
   B: ____________________
3) A: 后天是你的生日, 对吧?
   B: ____________________
4) A: 你打算怎么过你的生日?
   B: ____________________
5) A: 你给他生日礼物的时候怎么说?
   B: ____________________
6) A: 你什么时候有课?
   B: ____________________
7) A: 你星期几没有课?
   B: ____________________

보충어휘

날짜

周末 zhōumò ： 주말
两天 liǎngtiān ： 이틀
一个星期 yígexīngqī ： 일주일
两个月 liǎnggeyuè ： 2개월
上旬 shàngxún ： 초순
中旬 zhōngxún ： 중순
下旬 xiàxún ： 하순

학교

幼儿园 yòu'éryuán ： 유치원
小学 xiǎoxué ： 초등학교
中学 zhōngxue ： 중고등학교
初中 chūzhōng ： 중학교
高中 gāozhōng ： 고등학교
大专 dàzhuān ： 전문대학
学院 xuéyuàn ： 단과대학
大学 dàxué ： 종합대학
研究生院 yánjiūshēngyuàn ： 대학원
补习班 bǔxíbān ： 학원
入学典礼 rùxuédiǎnlǐ ： 입학식
开学典礼 kāixuédiǎnlǐ ： 개학식
结业典礼 jiéyèdiǎnlǐ ： 수료식
毕业典礼 bìyèdiǎnlǐ ： 졸업식
学生 xuésheng ： 학생
小学生 xiǎoxuéshēng ： 초등학생
中学生 zhōngxuéshēng ： 중고생
大学生 dàxuéshēng ： 대학생
研究生 yánjiūshēng ： 석박사 대학원생
硕士生 shuòshìshēng ： 석사연구생
博士生 bóshìshēng ： 박사연구생
校长 xiàozhǎng ： 교장, 총장
院长 yuànzhǎng ： 학장
系主任 xìzhǔrèn ： 학과장
教授 jiàoshòu ： 교수
教师 jiàoshī ： 교사
讲师 jiǎngshī ： 강사
老师 lǎoshī ： 선생님
师母 shīmǔ ： 선생님 부인
家教 jiājiào ： 방문교사
师傅 shīfu ： (기예 방면의) 선생님
= 师父 shīfu
师丈 shīzhàng ： 여선생님 남편
弟子 dìzǐ ： 제자
学长 xuézhǎng ： 선배
学哥 xuégē ： 학교 남자 선배
学弟 xuédì ： 후배
同屋 tóngwū ： 룸메이트
校庆 xiàoqìng ： 개교기념일
系 xì ： 학과

年级 niánjí ： 학년
班 bān ： 반
社团 shètuán ： 동아리, 사회단체
成员 chéngyuán ： 회원
联欢会 liánhuānhuì ： 학생친목회
欢送会 huānsònghuì ： 환송회
告别聚会 gàobiéjùhuì ： 송별회
海报 hǎibào ： 포스터

학교(주변)시설

教学楼 jiāoxuélóu ： 강의동
办公楼 bàngōnglóu ： 행정사무동
教室 jiàoshì ： 교실
课堂 kètáng ： 강의실
办公室 bàngōngshì ： 사무실
布告栏 bùgàolán ： 게시판
运动场 yùndòngchǎng ： 운동장
= 操场 cāochǎng, 体育场 tǐyùchǎng
校园 xiàoyuán ： 교정
学生会馆 xuéshēnghuìguǎn ： 학생회관
礼堂 lǐtáng ： 강당
书店 shūdiàn ： 서점
宿舍 sùshè ： 기숙사
图书馆 túshūguǎn ： 도서관
食堂 shítáng ： 식당
咖啡厅 kāfēitīng ： 커피숍
邮局 yóujú ： 우체국
体育馆 tǐyùguǎn ： 체육관
篮球场 lánqiúchǎng ： 농구장
游泳馆 yóuyǒngguǎn ： 수영장
健身房 jiànshēnfáng ： 헬스장
打印社 dǎyìnshè ： 복사가게
网吧 wǎngbā ： pc방
饭馆儿 fànguǎnr ： 음식점
商店 shāngdiàn ： 상점
超市 chāoshì ： 슈퍼마켓
面包店 miànbāodiàn ： 빵집
药店 yàodiàn ： 약국
公司 gōngsī ： 회사
医院 yīyuàn ： 병원

08 你今年多大?

08 你今年多大?

어휘

❶ 今年 jīnnián 명 금년, 올해

多 duō 부 얼마나 수 ~여, 남짓 (대략의 수를 나타냄)

大 dà 형 크다

岁 suì 명 살, 세

比 bǐ 전동 ~보다, ~에 비하다

小 xiǎo 형 작다

属 shǔ 동 ~띠 이다, ~에 속하다

兔 tù 명 토끼

❷ 奶奶 nǎinai 명 할머니

年纪 niánjì 명 연령 = 岁数 suìshu

生 shēng 동 낳다, 출생하다

觉得 juéde 동 ~라고 여기다(생각하다)

像 xiàng 동 닮다, 마치~와 같다

来 lai 조 쯤, 정도, 가량(대략의 수를 나타내며, 이때는 경성으로 발음한다.)

真的 zhēnde 참으로, 진짜

❶

A： 王明，你今年多大？

Wáng míng, nǐ jīnnián duōdà?

B： 我今年二十岁。你呢？

Wǒ jīnnián èrshí suì. Nǐ ne?

A： 我二十一岁。你比我小一岁。

Wǒ èrshí yī suì. Nǐ bǐ wǒ xiǎo yī suì.

B： 你属什么？

Nǐ shǔ shénme?

A： 我属兔。

Wǒ shǔ tù.

❷

A： 王明，今年你奶奶多大年纪了？
Wáng míng, jīnnián nǐ nǎinai duōdà nián jì le?

B： 今年七十多了。
Jīnnián qī shí duō le.

A： 她是哪一年出生的？
Tā shì nǎ yì nián chūshēng de?

B： 她是一九四六年九月二十五号出生的。
Tā shì yī jiǔ sì liù nián jiǔ yuè èrshí wǔ hào chūshēng de.

A： 我觉得像六十来岁的。
Wǒ juéde xiàng liùshí lai suì de.

B： 真的吗？ 谢谢。
Zhēn de ma? Xièxie.

해설

1) 나이와 띠를 묻는 표현

(1) 你几岁(了)? : 10세 이하의 어린이의 나이를 물을 때 쓰인다.

㉮ **A:** 你儿子今年几岁? 당신의 아들은 금년 몇 살이지?

B: 八岁。 여덟 살이에요.

(2) 你多大(了)? : 나이가 비슷한 성인의 나이를 물을 때 쓰인다.

㉮ **A:** 你今年多大? 너는 올해 몇 살이니?

B: 我二十七岁(了) 나는 스물 일곱 살이야.

(3) 您多大年纪(了)? : 연장자의 나이를 물을 때 쓰인다.

㉮ **A:** 你爷爷今年多大年纪? 당신의 할아버지는 올해 연세가 어떻게 되십니까?

B: 他七十九岁。 예순 아홉입니다.

(4) 你属什么(的)? : 상대방의 띠를 물을 때 쓰인다.

㉮ **A:** 你属什么? 당신은 무슨 띠입니까?

B: 我属羊。 저는 양띠입니다.

(5) 你是哪年生的? : 출생연도를 물을 때 쓰인다.

㉮ **A:** 你是哪年生的? 당신은 몇 년에 태어났습니까?

B: 我是90年生的。 저는 90년생 입니다.

2) 정도의 표현

사물에 대해 좋고 나쁨의 정도 표현은 다음과 같다.

㉮ 非常好 / 特别好。 아주 좋다. / 특히 좋다.

真好。 정말 좋다.

很好。 좋다.

不错。 좋다. 괜찮다.

还可以。 그런대로 괜찮다.

不太好。 그다지 좋지 않다.

很不好。 매우 안 좋다.

3) '哪'뒤에는 반드시 양사 혹은 수량사가 와야 한다.
수사 '一'는 생략이 가능하다.

예 你哪天去中国? 너는 언제 중국가니?
哪本词典是他的? 어떤 사전이 그의 것이니?

문법

1) 의문문(2)-의문사 의문문(3)-'多+단음절 형용사'

'多'는 '많다'는 의미로 가장 많이 쓰이지만, '大·高·长·远·重' 등 단음절 형용사 앞에 붙으면 형용사의 정도를 묻는 의문문이 되며, '얼마나'의 의미를 나타낸다. 즉 '多大' 라고 말하면 나이가 얼마나 되었는지를 묻는 표현이다. 이때 '多'앞에는 '有'를 쓰기도 하는데, '有'는 그 수량에 '도달했다'는 뜻을 갖는다.

㉥ A: 你今年多大? 너는 올해 몇 살이니? B: 二十岁。20세야.
A: 你多重? 너는 몸무게가 얼마나 되니? B: 六十公斤。60kg이야.
A: 你(有)多高? 너는 키가 얼마나 되니? B: 一米七。1미터70이야.
A: 现在气温有多高? 지금 기온이 얼마나 됩니까?
B: 有三十三度。33도입니다.

2) 특수문(3)-'比' 비교문

비교문은 'A + 比 + B + 형용사 (차이를 나타냄)'형식으로 쓰여, 'A는 B보다 ~하다'라는 의미를 나타낸다. 전치사 '比'는 두 사물의 성질이나 특징을 비교할 때 쓰인다.

(1) 형식

A + 比 + B + 형용사(정도의 차이)

㉥

긍정형

坐船比坐飞机便宜。 배를 타는 것이 비행기 타는 것보다 싸다.
他二十岁, 我十九岁, 他比我大。 그는 20세이고, 나는 19세이다. 그가 나보다 나이가 많다.

부정형

'不比' '没有~(那么 / 这么)' '不如' 등을 쓴다.

这个不比那个便宜。 이것은 저것보다 싸지 않다.

我没有他那么忙。 나는 그만큼 그렇게 바쁘지 않다.

我汉语说得不如他好。 나는 중국어를 그보다 잘하지 못한다.

※ 형용사 술어문에서 '比'를 썼으면 '很' '非常' '太'와 같은 일반적인 정도 부사는 사용할 수 없고, 비교의 정도를 나타내는 부사 '还(hái, 더)' '更(gèng, 더욱)' 등은 사용할 수 있다.

예 1 今天比昨天热。 오늘은 어제보다 덥다. (○)
今天比昨天很热。(×)

예 2 他比你更高。 그는 너보다 더 크다. (○)
这个比那个还贵。 이것은 저것보다 더 비싸다. (○)

※ 동사술어문에서 동사 뒤에 정도보어가 올 경우, 전치사 '比'는 다음과 같이 사용한다.

예 他汉语说得比我流利。 그는 중국어를 나보다 유창하게 말한다.

부정형은 '不比'나 '不如'를 쓴다.

예 这个不比那个便宜。 이것은 저것보다 싸지 않다.
我汉语说得不如他好。 나는 중국어를 그보다 잘하지 못한다.

3) 어림수(1)

❶ 多(~여, ~남짓)

그 수를 초과했음을 나타낸다.

① 끝자리 수가 0인 경우는 양사 앞에 온다.

예 我们班只有十多个人。 우리 반은 겨우 10여 명이다.

这个衬衣三十多块钱。 이 셔츠는 삼십 여 원이다.

② 끝자리 수가 1~9인 경우는 양사 뒤에 온다.

㉓ 这些香蕉三斤多。 이 바나나는 3근 남짓 된다.

我们吃了两斤多饺子。 우리들은 만두를 2근 남짓 먹었다.

❷ 来 (~정도, ~가량)

보통 그 수에 도달했음을 나타낸다.

① 끝자리 수가 0인 경우는 양사 앞에 온다.

㉓ 他父亲有五十来岁。 그의 아버지 연세는 50세 정도이다.

② 끝자리 수가 1~9인 경우는 양사 뒤에 온다.

㉓ 我有三十五块来钱。 나는 35원 가량 있다.

EXERCICE

1. 다음 문장을 읽으세요.

1) 我今年二十岁。

2) 你比我小一岁。

3) 我属兔。

4) 今年七十多了。

5) 我觉得像60来岁的。

2. 다음 문장으로 문답을 연습하세요.

1) A: 你今年多大?

B: ____________________

2) A: 你属什么?

B: ____________________

3) A: 今年你奶奶多大年纪了?

B: ____________________

4) A: 你是哪一年出生的?

B: ____________________

5) A: 你猜我今年多大?

B: ____________________

보충어휘

나이

年纪 niánjì ： 연령
年龄 niánlíng ： 연령
岁数 suìshu ： 연령
周岁 zhōusuì ： 만나이
虚岁 xūsuì ： 집나이
属 shǔ ： 띠

띠

鼠 shǔ ： 쥐
牛 niú ： 소
虎 hǔ ： 호랑이
兔 tù ： 토끼
龙 lóng ： 용
蛇 shé ： 뱀
马 mǎ ： 말
羊 yáng ： 양
猴 hóu ： 원숭이
鸡 jī ： 닭
狗 gǒu ： 개
猪 zhū ： 돼지

09 你家有几口人?

09 你家有几口人?

어휘

❶ 口 kǒu 양 식구를 세는 단위
都 dōu 부 모두
爸爸 bàba 명 아빠, 아버지
妈妈 māma 명 엄마, 어머니
哥哥 gēge 명 형, 오빠
姐姐 jiějie 명 누나, 언니
和 hé 접 과(와)
在 zài 전 ~에서
哪儿 nǎr 대 어디
工作 gōngzuò 동명 일(을 하다)
医院 yīyuàn 명 병원
医生 yīshēng 명 의사
她 tā 대 그녀
高中 gāozhōng 명 고등학교

❷ 结婚 jiéhūn 동목 결혼하다
已经 yǐjīng 부 이미
个 ge 양 개, 명
孩子 háizi 명 아이
女儿 nǚ'ér 명 딸
照料 zhàoliào 동 돌보다
姥姥 lǎolao 명 외할머니

❶

A： 你家有几口人？

Nǐ jiā yǒu jǐ kǒu rén?

B： 我家有五口人。

Wǒ jiā yǒu wǔ kǒu rén.

A： 都有什么人？

Dōu yǒu shénme rén?

B： 爸爸、妈妈、哥哥、姐姐和我。

Bàba、māma、gēge、jiějie hé wǒ.

A： 你爸爸在哪儿工作？

Nǐ bàba zài nǎr gōngzuò?

B： 他在医院工作，他是医生。

Tā zài yīyuàn gōngzuò, tā shì yīshēng.

A： 你妈妈做什么工作？

Nǐ māma zuò shénme gōngzuò?

B： 她是高中老师。

Tā shì gāozhōng lǎoshī.

❷

A： 你哥哥结婚了没有?
Nǐ gēge jiéhūn le méiyǒu?

B： 已经结了。
Yǐjing jié le.

A： 他有几个孩子?
Tā yǒu jǐ ge háizi?

B： 一个孩子，女儿。
Yī ge házi, nǚ'ér.

A： 她几岁了?
Tā jǐ suì le?

B： 七岁。
Qī suì.

A： 他爱人也工作吗?
Tā àiren yě gōngzuò ma?

B： 是的。他们是双职工。
Shì de. Tāmen shì shuāng zhígōng.

A： 那，孩子谁照料呢?
Nà, háizi shéi zhàoliào ne?

B： 她姥姥照料。
Tā lǎolao zhàoliào.

해설

1) 가족 수를 묻는 표현

'几口人'은 식구 수를 묻는 말이다. 일반 사람의 수를 물을 때는 양사 '个'를 써야 한다.

예 你家里有几口人? 너의 집 식구는 몇 명이니?

2) 爸爸、妈妈、哥哥、姐姐和我

가족구성원을 말할 때는 일반적으로 다른 식구를 순서대로 말하고, 자신은 맨 나중에 말한다. 이 때 '、'(dùnhào)는 '和(그리고)'의 의미이다. 그러므로 '和'는 마지막에 한 번만 쓰면 된다.

3) 직업을 묻는 표현

중국어로 직업을 물을 때에는 일반적으로 '~做什么工作?' 혹은 '~是做什么工作的?'라는 표현을 쓴다. 대답은 보통 '~是~'로 한다.

예 1 他做什么工作? 그는 무슨 일을 합니까?
他是大夫。 그는 의사입니다.

예 2 你是做什么工作的? 당신은 직업이 무엇입니까?
我是记者。 저는 기자입니다.

4) '的'자를 활용한 직업표현

자신의 직업을 말할 때, 직접 직업명을 말할 수도 있지만, 직업과 관련된 행위를 사용하여 간접적으로 표현함으로써 겸손의 어감을 표시하기도 한다.

예 开车的 (= 司机)
打鱼的 (= 渔夫)
做买卖的 (= 商人)
教书的 (= 教师)
种地的(= 农民)

5) 结婚了没有? (결혼했습니까?)

완료를 나타내는 문장의 의문문은 흔히 진술문 끝에 '没有'를 써서 만든다.

㉮ 你吃晚饭了没有? 저녁을 먹었습니까?

你看早报了没有? 조간신문을 보았습니까?

6) 已经 + 동사(구) + 了(이미~했습니다)

동작의 완료를 표현한다.

7) 谁照料呢? (누가 돌봅니까?)

'呢'는 어기조사로서, '吗'를 쓰는 의문문 이외의 모든 의문문 끝에서 어감을 부드럽고 완곡하게 하는 역할을 한다.

㉮ 你今天去呢，还是明天去呢? 당신은 오늘 갑니까, 아니면 내일 갑니까?

문법

1) 의문문(5) -정반의문문

술어에 긍정형과 부정형을 나란히 병렬하면 의문문이 되는데, 이를 정반의문문이라고 한다. 이때 '不'는 경성으로 읽는다. 정반의문문과 '吗'를 사용한 의문문은 형식만 다를 뿐, 문장 속에서의 의미는 같다.

㉩ 你去不去学校? 너는 학교에 가니?
你忙不忙? 당신은 바쁩니까?
你是不是中国人? 당신은 중국인입니까?
有没有别的颜色的? 다른 색이 있습니까?

EXERCICE

1. 다음 문장을 읽으세요.

1) 我家有五口人。

2) 爸爸、妈妈、哥哥、姐姐和我。

3) 他在医院工作，他是医生。

4) 她是高中老师。

5) 她姥姥照料。

2. 다음 문장으로 문답을 연습하세요.

1) A: 你家有几口人? B: ____________________

2) A: 都有什么人? B: ____________________

3) A: 你是老几? B: ____________________

4) A: 你爸爸在哪儿工作? B: ____________________

5) A: 他的职位是什么? B: ____________________

6) A: 你哥哥结婚了没有? B: ____________________

7) A: 你哥哥有几个孩子? B: ____________________

8) A: 今年几年级? B: ____________________

9) A: 孩子谁照料呢? B: ____________________

10) A: 你长得像爸爸还是像妈妈? B: ____________________

11) A: 你的性格像谁? B: ____________________

12) A: 你家里一般谁做饭? B: ____________________

보충어휘

가족

全家福 quánjiāfu : 가족사진
爷爷 yéye : 할아버지
奶奶 nǎinai : 할머니
姥爷 lǎoye : 외할아버지
= 外公 wàigōng
姥姥 lǎolao : 외할머니
= 外婆 wàipó
公公 gōnggong : 시아버지
婆婆 pópo : 시어머니
岳父 yuèfù : 장인어른
岳母 yuèmǔ : 장모님
爸爸 bàba : 아버지 = 父亲 fùqin
妈妈 māma : 어머니 = 母亲 mǔqin
爱人 àiren : 남편 또는 아내
丈夫 zhàngfu : 남편
= 老公 lǎogōng
太太 tàitai : 아내
= 妻子 qīzi, 老婆 lǎopó
女婿 nǚxù : 사위
媳妇 xífù : 며느리
儿子 érzi : 아들
女儿 nǚ'ér : 딸

独生子 dúshēngzǐ : 외아들(독자)
独生女 dúshēngnǚ : 외딸(독자)
老大 lǎodà : 맏이
老二 lǎo'èr : 둘째
老小儿 lǎoxiǎor : 막내
哥哥 gēge : 형 · 오빠
姐姐 jiějie : 누나 · 언니
弟弟 dìdi : 남동생
妹妹 mèimei : 여동생
婆家 pójiā : 시댁
娘家 niángjia : 친정
岳(母)家 yuè(mǔ)jiā : 처가
大姑子 dàgūzi : 손위 시누이
小姑子 xiǎogūzi : 손아래 시누이
妯娌 zhóuli : 동서
嫂嫂 sǎosao : 형수, 올케
弟媳 dìxí : 제수, 올케
姐夫 jiěfu : 자형, 형부
妹夫 mèifu : 매부
妻舅 qījiù : 처남
内妹 nèimèi : 처제
姨姐 yíjiě : 처형

친척

伯伯 bóbo : 큰아버지 = 伯父 bófu
伯母 bómǔ : 큰어머니

叔叔 shūshu : 작은아버지
= 叔父 shūfù

婶婶 shěnshen ： 작은어머니
= 婶母 shěnmǔ
姑妈 gūmā ： 고모 = 姑姑 gūgu
姑夫 gūfu ： 고모부 = 姑父 gūfu
舅舅 jiùjiu ： 외삼촌 = 舅父 jiùfu
舅妈 jiùmā ： 외숙모 = 舅母 jiùmǔ
姨妈 yímā ： 이모 = 姨母 yímǔ
姨夫 yífu ： 이모부 = 姨父 yífù
堂哥 tánggē ： 사촌 오빠
堂姐 tángjiě ： 사촌 언니
堂弟 tángdì ： 사촌 남동생
堂妹 tángmèi ： 사촌 여동생

表哥 biǎogē ： 외사촌 오빠
表姐 biǎojiě ： 외사촌 언니
表弟 biǎodì ： 외사촌 남동생
表妹 biǎomèi ： 외사촌 여동생
孙子 sūnzi ： 손자
孙女 sūnnǚ : 손녀
外孙子 wàisūnzi ： 외손자
外孙女 wàisūnnǚ ： 외손녀
侄儿 zhér ： 조카
侄女 zhínǚ ： 조카딸
外甥 wàishēng ： 외조카
外甥女 wàishēngnǚ ： 외조카딸

주위호칭

朋友 péngyou ： 친구
同学 tóngxué ： 급우
同事 tóngshì ： 동료
老金 lǎojīn ： 김형
小王 xiǎowáng ： 왕군
先生 xiānsheng ： 선생, 씨
女士 nǚshì ： 여사
夫人 fūrén ： 부인(아내의 높임말)
小伙子 xiǎohuǒzi ： 젊은이
= 年轻人 niánqīngrén

小姐 xiáojie ： 아가씨
= 姑娘 gūniang
小孩子 xiǎoháizi ： 아이
儿童 értóng ： 아동
对象 duìxiàng ： 애인, 약혼자
情人 qíngren ： 기혼자의 정부
客人 kèrén ： 손님
乘客 chéngkè ： 승객
旅客 lǚkè ： 관광객

직장

单位 dānwèi : 직장
部门 bùmén : 부서
职务 zhíwù 직무, 직위
= 职位 zhíwèi = 岗位 gǎngwèi
待遇 dàiyù : (봉급·급료 등의) 대우
工资 gōngzī : 급여 = 薪水 xīnshuǐ
月薪 yuèxīn : 월급
年薪 niánxīn : 연봉
奖金 jiǎngjīn : 보너스
年终联欢会 niánzhōngliánhuānhuì : 망년회
新年联欢会 xīnniánliánhuānhuì : 신년하례식
聚餐 jùcān : 회식하다
实习期 shíxíqī : 인턴시기
双职工 shuāngzhígōng : 맞벌이
公司 gōngsī : 회사
总公司 zǒnggōngsī : 본사
分公司 fēngōngsī : 지사
企业 qǐyè : 기업
董事长 dǒngshìzhǎng : 이사장
董事 dǒngshì : 이사
总经理 zǒngjīnglǐ : 사장, 회장
经理 jīnglǐ : 지배인, 사장
局长 júzhǎng : 국장
课长 kèzhǎng : 과장
系长 xìzhǎng : 계장
职员 zhíyuán : 직원
秘书 mìshu : 비서
领导 lǐngdǎo 상급자, 상사
同事 tóngshì : 동료
干部 gànbù : 간부
上司 shàngsi : 상사
下级 xiàjí : 부하직원
吩咐 fēnfu : 심부름
打卡 dǎka : (출·퇴근) 카드를 찍다
上班 shàngbān : 출근하다
下班 xiàbān : 퇴근하다
加班 jiābān : 야근하다, 초과근무하다
值班 zhíbān : 당직을 서다
轮班 lúnbān : 교대 근무하다
旷工 kuànggōng : 무단결근하다
担任 dānrèn : 담당하다
晋升 jìnshēng : 승진하다
= 升职 shēngzhí
调动 diàodòng : 인사이동하다
裁员 cáiyuán : 감원하다
解雇 jiěgù : 해고하다
炒鱿鱼 chǎoyóuyú : 해고당하다
下岗 xiàgǎng : 실직하다
辞职 cízhí : 사직하다
退休 tuìxiū : 퇴직하다

退休金 tuìxiūjīn ： 퇴직연금

禁烟区 jìnyānqū ： 금연구역

직업

个体户 gètǐhù ： 자영업자

工薪族 gōngxīnzú ： 샐러리맨

家庭主妇 jiātíngzhǔfu ： 가정주부

公司职员 gōngsīzhíyuán ： 회사원

公务员 gōngwùyuán ： 공무원

医生 yīshēng ： 의사

教师 jiàoshī ： 교사

教授 jiàoshòu ： 교수

校长 xiàozhǎng ： 교장, 총장

司机 sījī ： 운전사

记者 jìzhě ： 기자

药师 yàoshī ： 약사

空中小姐 kōngzhōngxiáojie ： 여승무원

护士 hùshi ： 간호사

警察 jǐngchá ： 경찰

律师 lǜshī ： 변호사

农民 nóngmín ： 농민

工人 gōngrén ： 노동자

厨师 chúshī ： 요리사

服务员 fúwùyuán ： 종업원

售货员 shòuhuòyuán ： 판매원

会计师 kuàijìshī ： 회계사

基金经理 jījīnjīnglǐ ： 펀드매니저

工程师 gōngchéngshī ： 기술자

服装设计师 fúzhuāngshèjìshī ： 패션디자이너

平面设计师 píngmiànshèjìshī ： 웹디자인

建筑师 jiànzhùshī ： 건축사

画家 huàjiā ： 화가

艺术家 yìshùjiā ： 예술가

歌手 gēshǒu ： 가수

演员 yǎnyuán ： 배우, 연기자

导演 dǎoyǎn ： 감독

电影明星 diànyǐngmíngxīng ： 영화배우

打扫夫 dǎsǎofū ： 청소부
= 清洁工 qīngjiégōng

导游 dǎoyóu ： 관광안내원

종교

信仰 xìnyǎng ： 신앙

佛教 fójiào ： 불교

基督教 jīdūjiào ： 기독교

天主教 tiānzhǔjiào ： 천주교

儒教 rújiào ： 유교
回教 huíjiào ： 이슬람교
寺院 sìyuàn ： 절
佛像 fóxiàng ： 불상
僧 sēng : 승려 = 和尚 héshàng
教堂 jiàotáng ： 교회

牧师 mùshī ： 목사
耶苏 yēsū ： 예수
圣经 shèngjīng ： 성경
神父 shénfù ： 신부
祈祷 qídǎo ： 기도
礼拜 lǐbài ： 예배하다

10 你家在哪儿?

10 你家在哪儿?

어휘

❶ 市区 shìqū 명 시내
离 lí 전 ~로 부터
这儿 zhèr 대 여기
远 yuǎn 형 멀다
欢迎 huānyíng 동 환영하다

❷ 学校 xuéxiào 명 학교
里 li 방 안
书店 shūdiàn 명 서점
当然 dāngrán 부 당연히
就 jiù 부 바로
校门 xiàomén 명 교문
旁边 pángbiān 방 옆

❸ 住 zhù 동 거주하다, 머물다
留学生 liúxuéshēng 명 유학생
楼 lóu 명 건물, 층
号楼 hàolóu 명 (아파트) 동
多少 duōshao 대 얼마, 몇
房间 fángjiān 명 방
宿舍 sùshè 명 기숙사
空调 kōngtiáo 명 에어컨

❶

A： 你家在哪儿?

Nǐ jiā zài nǎr?

B： 在市区。

Zài shì qū.

A： 离这儿远不远?

Lí zhèr yuǎn bu yuǎn?

B： 不太远。走路只要五分钟。

Bú tài yuǎn. Zǒu lù zhǐ yào wǔfēn zhōng.

A： 星期天我去玩儿玩儿, 好吗?

Xīngqītiān wǒ qù wárwar, hǎo ma?

B： 好。 欢迎你来玩儿。

Hǎo. Huānyíng nǐ lái wár.

❷

A： 请问, 学校里有书店吗?

Qǐngwèn, xuéxiàoli yǒu shūdiàn ma?

B： 当然有。

Dāngrán yǒu.

A： 在哪儿?

Zài nǎr?

B： 就在校门旁边。

Jiù zài xiàomén pángbiān.

3

A： 你住在哪儿?

Nǐ zhù zài nǎr?

B： 我住在学校留学生楼。

Wǒ zhù zài xuéxiào liúxuéshēnglóu.

A： 几号楼?

Jǐ hào lóu?

B： 八号楼，三单元。

Bā hào lóu, sān dānyuán.

A： 多少号房间?

Duōshao hào fángjiān?

B： 609号房间。

Liù líng jiǔ hào fángjiān.

A： 宿舍里有没有空调?

Sùshèli yǒu méi yǒu kōngtiáo?

B： 有空调。

Yǒu kōngtiáo.

해설

1) 번호 읽는 법

전화번호 · 방 번호 · 버스 번호 등 번호를 읽을 때는 각각의 숫자를 그대로 읽으면 된다. 다만 '109房间' '311路公共汽车' '93250102'과 같이 번호에 쓰인 '1'은 'yāo'라고 읽는데, 이는 '7'과 발음을 구별하기 위해서이다.

2) 결과보어 '在'

'동사 + 在 + 장소사(방위사)' 형식으로 쓰이며, 동사는 '住 · 坐 · 站 · 停 · 骑' 등과 같은 단음절 동사 뒤에 놓이며, 어떤 장소에 동작이 완성되어 고정됨을 나타낸다.

㉠ 我喜欢坐在后边。 나는 뒤에 앉는 것을 좋아한다.

我们停在哪儿? 우리들 어디에 정차하죠?

'在' 뒤에 나오는 명사(구)가 행위의 결과가 될 수 있을 때 가능하지, 그렇지 않을 때는 이런 문장은 성립할 수 없다.

㉠ 我在食堂吃反。(○) 나는 식당에서 밥을 먹는다.

我把反吃在食堂。(×)

아래 문장은 '食堂'이 '吃'라는 동사의 결과물이 될 수 없기 때문에, 문법적으로 틀린 문장이다.

문법

1) 방위사

방향을 나타내는 명사를 방위사라고 한다. 자주 쓰이는 방위사로 '东边(儿)(dōng bian(r), 동쪽)' '西边(儿)(xībian(r), 서쪽)' '南边(儿)(nánbian(r), 남쪽)' '北边(儿) (běibian(r), 북쪽)' '上边(儿)(shàngbian(r), 위쪽)' '下边(儿)(xiàbian(r), 아래쪽)' '前边(儿)(qiánbian(r), 앞쪽)' '后边(儿)(hòubian(r), 뒤쪽)' '里边(儿)(lǐbian(r), 안쪽)' '外边(儿)(wàibian(r), 바깥쪽)' '左边(儿)(zuǒbian(r), 왼쪽)' '中间(zhōngjiān, 가운데)' '右边(儿)(yòubian(r), 오른쪽)' '旁边(儿)(pángbian(r), 옆쪽)' '附近(fùjìn, 근처)' '对面(duìmiàn, 맞은편)' 등이 있다.

방위사는 단독으로 쓰일 수도 있고 다른 명사의 뒤에 쓰일 수도 있다. 이러한 방위사는 일반명사와 마찬가지로 주어·목적어·관형어·부사어로 쓰일 수 있으며, 관형어의 수식을 받을 수도 있다.

방위사가 관형어로 쓰일 경우, 뒤에 보통 '的'을 붙이며, 반대로 방위사가 관형어의 수식을 받을 때는 앞에 '的'을 쓰지 않아도 된다.

예 前边有一个公園。 앞쪽에 공원이 하나 있다.
上边的书是他的。 위쪽의 책은 그의 것이다.
银行在邮局右边。 은행이 우체국 오른쪽에 있다.

2) 특수문(4) -존재문

어떤 장소에 무엇인가가 존재함을 나타내는 동사에는 '有' '在' '是' 세 가지가 있다. 그러나 이들의 용법은 각기 다르다.

(1) 有 : '장소사 + 有 + 불특정물' (~에 ~이 있다)형식으로, 단순히 어떤 장소에 어떤 사람이나 사물이 존재하는지를 나타낸다. 주어에는 장소사가 오며, 목적어에는 불특정물이 온다.

① 형식

긍정형:	주어	+ 有 +	목적어。	
	장소사		불특정물(사람·사물)	
부정형:	주어 + 没有 + 목적어。			
의문형:	주어 + 有 + 목적어 + 吗?			
	주어 + 有没有 + 목적어?			

예

긍정형 : 教室里有两个学生。 교실에 학생 두 명이 있다.

부정형 : 马路的两边没有树。 도로 양편에 나무들이 없다.

의문형 : 学校门口儿有复印店吗? 학교 교문에 복사집이 있습니까?

※ 我家后边有一个银行。(○) 나의 집 뒤쪽에 은행이 있다.
我家后边有那个银行。(×)

(2) 在 : '특정물 + 在 + 장소사' (~가~에 있다)형식으로, 특정한 사람이나 사물이 어떤 장소에 존재하는지를 나타낸다. 주어에는 특정존재물이 오며, 목적어에는 장소사가 온다.

① 형식

긍정형:	주어	+ 在 +	목적어。	
	특정물(사람·사물)		장소사	
부정형:	주어 + 不在 + 목적어。			
의문형:	주어 + 在 + 목적어 + 吗?			
	주어 + 在不在 + 목적어?			

예

긍정형 : 你的中韩辞典在书架上。 당신의 중한사전은 책장에 있다.

부정형 : 他的爸爸不在家里。 그의 아버지는 집에 안 계신다.

의문형 : 韩国在中国东边吗? 한국은 중국 동쪽에 있습니까?

※ 那个银行在北京站后边。(○) 그 은행은 북경역 뒤쪽에 있다.
　一个银行在北京站后边。(×)

(3) 是 : '장소사 + 是 + 불특정물 or 특정물' (～에～이 있다, ～은～이다)형식으로, 특정한 장소에 무엇인가가 존재하는 것을 상대방이 이미 알고 있는 상태에서, 그것이 누구인지 또는 무엇인지를 확인시켜 주는 문장이다. '是'자문은 '有'자문과 문형은 같으나, 차이점은 목적어에 불특정물 뿐만 아니라 특정물도 온다는 점이다.

① 형식

긍정형:	주어 장소사	+	是	+	목적어。(에～가 있다) 불특정물 또는 특정물
부정형:	주어	+	不是	+	목적어。

예

긍정형 : 桌子下边是他的词典。 탁자 아래에 그의 사전이 있다.
　　我家旁边是网吧。 우리집 옆에 PC방이 있다.
　　我前边是王军。 내 앞에 왕 군이 있다.

부정형 : 房子前面不是花坛。 집 앞은 화단이 아니다.

※ 我家后边是一个银行。(○) 나의 집 뒤쪽에 은행이 있다.
　我后边是张老师。(○) 나의 뒤쪽은 장 선생님이시다.

3) 전치사 '离' 본서(상권) p.131 참조

4) 동사의 중첩

대부분의 동사는 중첩형으로 변화할 수 있다.

(1) 용법

① 동작의 시간이 짧음을 나타낸다. (좀 (잠시) ~하다)

예 咱们休息休息。 우리 좀 쉽시다.

② 시도의 의미를 나타낸다. (시험삼아 ~해 보다)

예 这道菜怎么样, 你尝尝。 이 음식이 어떤지, 당신 맛 한번 보세요.
这件衣服你穿穿看。 당신 이 옷을 입어 보세요.

③ 가벼운 어기를 나타낸다.

예 星期天在家看看电视, 听听音乐, 真好! 일요일은 집에서 텔레비전도 보고 음악도 들으니, 정말 좋다!

④ 부드러운 어기를 나타낸다. (다른 사람에게 어떤 일을 요청할 때)

예 我想买个随身听, 你给我介绍介绍。 나는 소형 녹음기를 사고 싶은데, 당신이 나에게 소개 좀 해주세요.

(2) 유형

① 단음절 동사 중첩: 동사를 중첩하여 'AA형' 혹은 'A一A' 'A + 一下(儿)' 형식으로 만든다. 'AA형'에서 첫음절은 제 성조대로 발음하고, 둘째음절은 경성으로 발음한다.

단음절동사	AA型/A一A型
想(생각하다)	想想/想一想/想一下(좀 생각해 보다)
看(보다)	看看/看一看/看一下(좀 보다)
说(말하다)	说说/说一说/说一下(좀 말하다)

예 给我看看。 나에게 좀 보여주세요.

② 쌍음절 동사의 중첩: 'ABAB형' 혹은 'AB + 一下형' 형식으로 만든다. 'ABAB형'에서 첫음절은 제일 강하게 소리나며, 셋째 음절이 그 다음 강하게, 둘째 넷째 음절은 경성으로 발음한다.

쌍음절동사	ABAB型
休息(쉬다)	休息休息/休息一下(잠시 쉬다)
练习(연습하다)	练习练习/练习一下(잠시 연습하다)
品尝(맛보다)	品尝品尝/品尝一下(한번 맛보다)
考虑(고려하다)	考虑考虑/考虑一下(좀 고려해보다)

예 我们休息休息吧。 우리 좀 쉽시다.
跟他商量商量。 그와 좀 상의해 보세요.
你是我的好朋友，给我参谋参谋。 너는 나의 좋은 친구이니, 나에게 조언 좀 해줘.

※ 쌍음절 동사에서는 '동사 + 一 + 동사' 형식은 쓸 수 없다.

③ 쌍음절 이합사(离合词) 중첩: AAB형식으로, 일부 '동사 + 목적어'구조의 쌍음절 이합사의 동사부분만 중첩한다.

예 散散步 좀 산보하다
聊聊天 좀 한담하다
帮帮忙 좀 돕다
补补课 보충수업을 좀 하다
他们在公园里散了散步，下午五点回来的。 그들은 공원을 잠시 산책하고, 오후 5시에 돌아왔다.

④ AA看형(ABAB看형): '시험삼아~해보다'의 시도 의미를 강조한다.

예 这些饺子你吃吃看。 이 만두를 당신 한번 먹어 보세요.

EXERCICE

1. 다음 문장을 읽으세요.

1) 在市区。
2) 不太远。
3) 就在校门旁边。
4) 欢迎你来玩儿。
5) 我住在学校留学生楼。

2. 다음 문장으로 문답을 연습하세요.

1) A: 你家在哪儿? 离这儿远不远? B: ____________________
2) A: 星期天我去玩玩, 好吗? B: ____________________
3) A: 请问, 学校里有书店吗? B: ____________________
4) A: 你住在哪儿? B: ____________________
5) A: 你的房间里有什么? B: ____________________
6) A: 你的宿舍一共有几层? B: ____________________
7) A: 你是在哪儿长大的? B: ____________________

3. 다음 문답을 연습하세요.

1) A: 你的故乡(gùxiāng = 老家 lǎojiā)在哪儿?
B: 我的故乡在群山(Qúnshān)。
〔全州(Quánzhōu), 益山(Yìshān), 金提(Jīndī), 井邑(Jǐngyì), 南原(Nányuán), 完州(Wánzhōu), 扶安(Fú'ān), 高敞(Gāochǎng), 淳昌(Chúnchāng), 镇安(Zhèn'ān), 茂朱(Màozhū), 任实(Rènshí), 长水(Chángshuǐ)〕

2) A: 你家在哪个城市(chéngshì)?
B: 我家在首尔(Shǒu'ěr)。
〔釜山(Fǔshān), 大邱(Dàqiū), 大田(Dàtián), 仁川(Rénchuān), 光州(Guāngzhōu), 蔚山(Wèishān), 濟州(Jìzhōu)〕

보충어휘

청소

除尘器 chúchénqì : 청소기
打扫 dǎsǎo : 청소하다
尘埃 chén'āi : 먼지
擦掉 cādiào : 닦다
扫把 sàobǎ : 빗자루

扫帚 sàozhou : 마당비
抹佈 mābù : 행주, 걸레
拖把 tuōbǎ : 대걸레
簸箕 bòji : 쓰레받기

11 你的爱好是什么?

11 你的爱好是什么?

어휘

❶ 爱好 aàhào 명 취미, 흥미
喜欢 xǐhuan 동 좋아하다, 애호하다
打 dǎ 동 (운동·놀이를) 하다
乒乓球 pīngpāngqiú 명 탁구
足球 zúqiú 명 축구
篮球 lánqiú 명 농구
网球 wǎngqiú 명 테니스
可是 kěshì 접 그러나, 하지만
最 zuì 부 가장
踢 tī 동 차다
得 de 조 결구조사
除了 chúle 접 ~을(를) 제외하고(는)
以外 yǐwài 명 이외, 이상
做 zuò 동 ~하다
弹 tán 동 (악기를) 타다, 연주하다
钢琴 gāngqín 명 피아노
唱歌 chànggē 동목 노래를 부르다
没想到 méixiǎngdào 뜻밖이다
这么 zhème 대 이렇게, 이와 같은
广泛 guǎngfàn 형 광범(위)하다, 폭넓다

❷ 周末 zhōumò 명 주말
干 gàn 동 ~하다
爬山 páshān 명동 등산(하다)
安排 ānpái 동 안배하다
为什么 wèishénme 대 왜, 어째서
累 lèi 형 지치다, 피곤하다
看 kàn 동 보다
电影 diànyǐng 명 영화

1

A： 你的爱好是什么？

Nǐ de àihào shì shénme?

B： 我喜欢打乒乓球。你呢？

Wǒ xǐhuan dǎ pīngpāngqiú. Nǐ ne?

A： 足球、篮球、网球我都喜欢。可是我最喜欢踢足球。

Zúqiú、lánqiú、wǎngqiú wǒ dōu xǐhuan. Kěshì wǒ zuì xǐhuan tī zúqiú.

B： 你踢球踢得怎么样？

Nǐ tī qiú tī de zěnmeyàng?

A： 我踢得不太好。除了乒乓球以外，你还喜欢做什么？

Wǒ tī de bú tài hǎo. Chúle pīngpāngqiú yǐwài, nǐ hái xǐhuan zuò shénme?

B： 我还喜欢弹钢琴、唱歌。

Wǒ hái xǐhuan tán gāngqín、chànggē.

A： 没想到你的爱好这么广泛。

Méixiǎngdào nǐ de àihào zhème guǎng fàn.

❷

A： 周末你想干什么?
Zhōumò nǐ xiǎng gàn shénme?

B： 爬山。你呢?
Páshān. Nǐ ne?

A： 我还没有什么安排。
Wǒ hái méiyǒu shénme ānpái.

B： 那我们一起去吧。
Nà wǒmen yìqǐ qù ba.

A： 我不去。
Wǒ bú qù.

B： 为什么? 你不喜欢爬山吗?
Wèi shénme? Nǐ bù xǐhuan páshān ma?

A： 爬山太累了。 我喜欢看电影。
Páshān tài lèi le. Wǒ xǐhuan kàn diànyǐng.

문법

1) 보어

보어란 동사나 형용사 술어 뒤에서 그 의미를 보충 설명하는 성분을 말한다. 주로 동작의 경과 시간이나 수량, 또는 정도·결과·방향·가능 등을 보충 설명한다. 그 특성에 따라 수량보어(数量补语)·정도보어(程度补语)·결과보어(结果补语)·방향보어(方向补语)·가능보어(可能补语) 다섯 종류로 구분된다.

2) 보어(1)-정도보어

정도보어는 동사나 형용사 술어 뒤에서 동작이나 상태가 도달한 정도를 보충 설명해 주는 성분이다. 간단한 정도보어로는 형용사가 주로 사용되며, 술어와 정도 보어 사이는 결구조사(结构助词) '得(de)'를 사용하여 연결한다.

예

긍정형

他最近忙得很。 그는 요즘 매우 바쁘다.
他吃得很晚。 그는 매우 느리게 먹는다.
剪得短点儿。 좀 짧게 자르세요.
他球踢得棒极了。 그는 공을 아주 잘 찬다.
我忙得没有时间吃饭。 나는 바빠서 밥 먹을 시간조차 없다.

부정형

정도보어 앞에 '不'를 붙인다.

예 我(唱)歌唱得不好。 나는 노래를 못 부른다.

의문형

정반식 의문형은 보어를 긍정부정식으로 만든다.

예 她(唱)歌唱得好不好? 그녀는 노래를 잘 부릅니까?

목적어가 올 경우 정도보어의 위치

목적어가 올 경우에는「(동사 +) + 목적어 + 동사 + 得 + 정도보어」의 어순으로 쓴다. 이때 첫 번째 동사는 생략할 수 있다.

예 他(唱)歌唱得很好。 그는 노래를 매우 잘 부른다.

她(说)汉语说得不错。 그녀는 중국어를 잘 한다.

만약 목적어를 강조하고 싶거나, 목적어가 비교적 복잡할 경우에는 목적어를 주어 앞에 놓을 수 있다.

예 昨天的作业你们做得怎么样? 어제의 숙제를 너희들은 어떻게 했니?

EXERCICE

1. 다음 문장을 읽으세요.

1) 我喜欢打乒乓球。

2) 我踢得不太好。

3) 我还喜欢弹钢琴、唱歌。

4) 我还没有什么安排。

5) 爬山太累了。

2. 다음 문장으로 문답을 연습하세요.

1) A: 你的爱好是什么?(= 你有什么兴趣呢?)
   B: ____________________

2) A: 除了乒乓球以外, 你还喜欢做什么?
   B: ____________________

3) A: 你喜欢什么时候听音乐?
   B: ____________________

4) A: 你现在会不会唱中国歌儿?
   B: ____________________

5) A: 你现在有没有晚饭后散步的习惯?
   B: ____________________

6) A: 早上起床以后去不去操场跑步?
   B: ____________________

7) A: 这个周末你想干什么?(= 这个周末你打算怎么过?)
   B: ____________________

3. 请你把自己介绍一下。(= 请你介绍一下你自己。)

예 大家好!

我叫金哲洙。是首尔市政府的公务员。

我今年四十八岁，属猪的。性格活泼开朗(比较外向，比较内向)。我在井邑出生，在全州长大的。我现在住在首尔。我家是一个公寓。离这儿不太远。坐车只要十五分钟就到了。

我家有四口人。我们夫妻俩和两个孩子。女儿二十一岁，儿子是二十三岁。女儿在广告公司工作。儿子是高中老师。我太太在银行工作。我在建设科，是科长(系长)。

我每天早上八点上班, 晚上六点下班。有的时候加班。中午我在市政府食堂吃饭。朋友和我都喜欢吃炸酱面和糖醋肉。

我对中国文化很感兴趣。所以, 星期二, 星期四一个星期两次, 晚上从六点半到八点在市政府八层学习汉语。汉字很难, 发音不太难, 汉语很有意思。

有空的时候，我喜欢听音乐，也喜欢上网。晚上我去体育馆游泳。

我的爱好是爬山。特别是周末我常常去爬山。我还喜欢吃水果。韩国的苹果和梨又大又甜, 不太贵。

认识你们很高兴。谢谢。

보충어휘

취미

爬山 páshān : 등산하다
兜风 dōufēng : 드라이브하다
旅行 lǚxíng : 여행하다
散步 sànbù : 산책하다
打太极拳 dǎtàijíquán : 태극권을 하다
骑自行车 qízìxíngchē : 자전거를 타다
上网 shàngwǎng : 인터넷을 하다
喝着茶聊天(儿) hēzhecháliáotiān(r) : 차를 마시며 수다를 떨다
逛街 guàngjie : 쇼핑하다
玩电子游戏 wándiànzǐyóuxì : 전자게임을 하다
看电影 kàndiànyǐng : 영화를 보다
看电视 kàndiànshì : 텔레비전을 보다
听音乐 tīngyīnyuè : 음악을 듣다
唱歌 chànggē : 노래를 부르다
弹钢琴 tángāngqín : 피아노를 치다
写书法 xiěshūfǎ : 서예하다
放风筝 fàngfēngzhēng : 연날리다
跳蹈 tiàowǔ : 춤추다
读书 dúshū : 독서하다
画画儿 huàhuàr : 그림을 그리다
钓鱼 diàoyú : 낚시하다
打扑克 dǎpūkè : 포커를 하다
打麻将 dǎmájiàng : 마작을 하다
下象棋 xiàxiàngqí : 장기를 두다
下围棋 xiàwéiqí : 바둑을 두다
养花儿 yǎnghuār : 화초를 기르다
养宠物 yǎngchǒngwù : 애완동물을 기르다

운동

奥运会 Àoyùnhuì : 올림픽
世界杯足球赛 Shìjièbēizúqiúsài : 월드컵축구대회
花样滑冰 huāyànghuábīng : 피겨스케이팅
足球 zúqiú : 축구
排球 páiqiú : 배구
篮球 lánqiú : 농구
棒球 bàngqiú : 야구
乒乓球 pīngpāngqiú : 탁구
羽毛球 yǔmáoqiú : 배드민턴
高尔夫球 gāo'ěrfūqiú : 골프
网球 wǎngqiú : 테니스
台球 táiqiú : 당구
保龄球 bǎolíngqiú : 볼링
游泳 yóuyǒng : 수영
滑冰 huábīng : 스케이트
滑雪 huáxuě : 스키

보충어휘

瑜伽 yújiā ： 요가
太极拳 tàijíquán ： 태극권
跆拳道 táiquándào ： 태권도
摔跤 shuāijiāo ： 씨름
跳绳 tiàoshéng ： 줄넘기
跑步 pǎobù ： 달리다
晨跑 chénpǎo ： 조깅하다

12 你在干什么呢?

12 你在干什么呢?

어휘

❶ 在 zài 부 지금(막)~하고 있다
呢 ne 조 진행을 나타낼 때 문미에 붙이는 조사이다
正 zhèng 부 마침
作业 zuòyè 명 숙제
一边~一边~ yìbiān~yìbiān~ ~하면서~하다
茶 chá 명 차
小狗 xiǎogǒu 명 강아지
椅子 yǐzi 명 의자
趴 pā 동 엎드리다
着 zhe 조 ~해 있다, ~한 채로 있다

❷ 上午 shàngwǔ 명 오전
买 mǎi 동 사다
本 běn 양 권

❸ 一般 yìbān 형 일반적이다
有时候 yǒushíhou 어떤 때
上网 shàngwǎng 동목 인터넷하다
电视 diànshì 명 텔레비전
节目 jiémù 명 프로그램
运动 yùndòng 명 운동

❹ 等 děng 동 기다리다
票 piào 명 표
拿 ná 동 (손에) 쥐다, 가지다
洗手间 xǐshǒujiān 명 화장실
快 kuài 형 빠르다
一点儿 yìdiǎnr 수량 약간
小卖部 xiǎomàibù 명 매점

고유명사

《人在囧途》 Rénzàijiǒngtú 인재경도(영화제목)

❶

A： 你在干什么呢?

Nǐ zài gàn shénme ne?

B： 我正在做作业呢。你呢?

Wǒ zhèngzài zuò zuòyè ne. Nǐ ne?

A： 我在一边喝茶，一边看书呢。

Wǒ zài yībiān hē chá, yībiān kàn shū ne.

B： 小狗呢?

Xiǎo gǒu ne?

A： 在椅子上趴着睡觉呢。

Zài yǐzishang pā zhe shuìjiào ne.

❷

A： 今天上午你做什么了?

Jīntiān shàngwǔ nǐ zuò shénme le?

B： 我去买了书。

Wǒ qù mǎi le shū.

A： 你买了几本书?

Nǐ mǎi le jǐ běn shū?

B： 我买了两本书。

Wǒ mǎi le liǎng běn shū.

❸

A：晚上你一般干什么?
Wǎnshang nǐ yìbān gàn shénme?

B：不一定。有时候学习，有时候玩儿。
Bù yídìng. Yǒushíhou xuéxí, yǒu shíhou wár.

A：你一般玩儿什么?
Nǐ yìbān wár shénme?

B：上网玩儿。你呢?
Shàngwǎng wár. Nǐ ne?

A：我喜欢看电视。
Wǒ xǐhuan kàn diànshì.

B：你最喜欢看什么节目?
Nǐ zuì xǐhuan kàn shénme jiémù?

A：我最喜欢看运动节目。
Wǒ zuì xǐhuan kàn yùndòng jiémù.

❹

A： 你在这儿等着，我去买票。

Nǐ zài zhèr děng zhe, wǒ qù mǎi piào.

B： （对售票员）《人在囧途》，七点的，三张。

(duì shòupiàoyuán) «Rénzàijiǒngtú» , qī diǎn de, sān zhāng.

A： 你拿着，我去一下洗手间。

Nǐ ná zhe, wǒ qù yī xià xǐshǒujiān.

B： 快点儿！李华在小卖部门口等着我们呢。

Kuài diǎnr! Lǐ huá zài xiǎomàibù ménkǒu děng zhe wǒmen ne.

문법

1) 동사의 태

시제(时制, Tense)와 태(态, Aspet)는 별개의 것이다. 중국어에 있어 시제는 동사의 변화 등을 통하여 표현하는 영어 등과는 달리 동사의 시제변화가 없다. 어떤 동작이 발생한 시간인 과거·현재·미래는 주로 시간명사나 시간을 나타내는 부사(구) 등에 의해 표시되므로, 시제라는 개념이 거의 없다고 할 수 있다.

반면에 중국어에서는 시제보다는 동태, 즉 동작의 상태를 더욱 중요한 개념으로 여긴다. 하나의 동작은 ① 임박 ② 경험 ③ 진행 ④ 지속 ⑤ 완료 등 서로 다른 단계에 있을 수 있다. 다시 말해 '태'란 어떤 동작의 임박·진행·지속·완료·경험이라고 하는 동작의 시간적 양태와 과정을 말한다. 이러한 태의 단계를 ① 임박태 성분(要~了, 快要~了, 就要~了) ② 경험태 조사(过) ③ 진행태 성분(正·正在·在·呢·正在~呢) ④ 지속태 조사(着) ⑤ 완료태 조사(了) 등으로 표시하게 되는데, 이를 '동사의 태'라고 하고, 이때의 '过' '着' '了' 등을 시태조사(时态助词 = 동태조사(动态助词))라고 한다.

2) 동사의 태(1)-진행태

동작이 진행되고 있는 상황은 동사 앞에 부사 '正' '在' '正在' 중 하나를 붙이거나, 또는 문장 끝에 '呢'를 붙여서 나타낸다.

예 他们正在练太极拳。 그들은 지금 태극권을 연마하고 있다.
他正在等他的爱人呢。 그는 지금 그의 부인을 기다리고 있다.
他看报呢。 그는 신문을 보는 중이다.
那些人在做什么? 그들은 지금 무엇하고 있니?

부정형은 동사 앞에 '没(有)'를 붙여 준다.

예 A: 他正在看电视吗? 그는 지금 텔레비전을 보고 있니?
B: 他没(有)在看电视, 他在睡觉。 그는 텔레비전을 보지 않고, 잠을 자고 있다.

동작의 진행은 시제와 무관하므로, 과거·현재·미래 시제에 모두 쓸 수 있다.

예 과거 昨天我去他家的时候, 他正在听音乐。 어제 내가 그의 집에 갔을 때, 그는 음악을 듣고 있었다.

현재 你现在正在做什么? 너는 지금 무엇을 하고 있니?

미래 明天这个时候我可能在上课。 내일 이때 나는 수업을 받고 있을 것이다.

※ '在'의 다양한 용법

① 동사 : ~에 있다

예 我在家。 나는 집에 있다.

② 전치사 : ~에서

예 我在家看书。 나는 집에서 책을 본다.

③ 부사 : ~하고 있다(진행태)

예 我在看书。 나는 책을 보고 있다.

④ 결과보어 : 동작이 완성되어 고정됨을 나타낸다.

예 我住在学校附近。 나는 학교 근처에 살고 있다.

3) 동사의 태(2)-완료태

'了'가 완료태로 쓰일 때 주로 동사의 뒤에 위치한다. 동작이나 행위의 완료를 나타낸다. 동작이나 행위가 완료되었다고 반드시 과거를 나타내지 않으며, 과거·현재·미래에서 모두 발생할 수 있다. 시간사가 없을 경우에는 대개 '현재'에 동작이 완료되었음을, 과거나 미래를 나타내는 부사 '昨天' '去年' '明天' '明年' 등이 오면, 과거나 미래 시제의 동작이 완료되었음을 나타낸다.

〔형식〕

긍정형: 주어 + 동사 + (간단한 목적어) + 了。(~했다)
　　　주어 + 동사 + 了 + (간단한 혹은 복잡한 목적어)。(~했다)
부정형: 주어 + (还)没 + 동사 + (목적어)。(아직~하지 않았다)
의문형: 주어 + 동사 + 了 + (목적어) ~吗? (~했습니까?)
　　　주어 + 동사 + 了 + (목적어) + 没有? (정반형)
　　　주어 + 동사 + 没 + 동사 + 목적어? (정반형)
　　　주어 + 동사 + 了 + 의문사?

예

긍정형: 我吃饭了。과거 나는 밥을 먹었다.
他昨天买了一本书。과거 그는 어제 책 한 권을 샀다.
我刚写了两封信。현재 나는 막 편지 두 통을 썼다.
明天我吃了早饭就去找你。미래 내일 나는 아침을 먹고 너를 찾아가겠다.

부정형: 他没买那本中文书。 그는 그 중국어 책을 사지 않았다.

의문형: 比赛开始了吗? 시합이 시작되었습니까?
你买飞机票了没有? 당신은 비행기표를 샀습니까?
他打了电话没有? 그는 전화했습니까?
你看没看今天的报纸? 당신은 오늘 신문을 보았습니까?
你买了什么? 당신은 무엇을 샀습니까?

〔용법〕

(1) 목적어가 필요 없는 자동사가 올 경우에는 그 뒤에 '了'를 써서 완료를 나타낸다.
　예 我朋友从汉城来了。 나의 친구가 서울에서 왔다.

(2) '동사 + 了 + 목적어'형태의 일반적인 완료태 문장에는 간단한 명사가 목적어로 올 수 없으므로, 다음의 조건을 충족해야 완료태 문장이 성립된다.

① 복잡한 목적어가 와야 한다.

㉠ 목적어 앞에 수량사나 관형어가 있어야 한다.

예 星期六我们看了一部教学电影。 토요일 우리들은 교육영화를 한 편 보았다.
他看了我的书。 그는 내 책을 보았다.

㉡ 쌍목적어 문장은 직목 앞에 관형어가 와야 한다.

예 我告诉了他这句话的意思。 나는 그에게 이 문장의 뜻을 알려줬다.

② 간단한 목적어는 다음의 조건을 충족해야 한다.

㉠ 주어나 술어 앞에 부사어가 있어야 한다.

예 昨天我们跟张先生一起照了相。 어제 우리는 장 선생과 함께 사진을 찍었다.
我已经告诉了他。 나는 이미 그에게 알렸다.

㉡ 문장이 끝나지 않고 반드시 다른 말(才 / 就 / 再 + 동사 / 절)이 와서, 뒷 동작이 앞 동작에 이어 발생함을 나타내야 한다.

예 他买了东西再来。 그는 물건을 사고 다시 올 것이다.
他每天吃了饭就看报。 그는 매일 식사를 하고 신문을 본다.
明天我们吃了早饭就去学校。내일 우리는 아침을 먹고 곧바로 학교에 갈 것이다.

※ 위 문장에서 문미에 '了'가 올 경우에는 어떤 상황이 발생한 후에 계속되는 동작이 이미 완료된 것을 나타낸다.

예 昨天我吃了早饭就去学校了。 어제 나는 아침을 먹고 곧바로 학교에 갔다.

㉢ 고정된 동목구조이어야 한다.

예 他睡了半个小时觉。 그는 30분간 잠을 잤다.

㉣ 결과보어가 있어야 한다.

예 妈妈洗完了衣服。 엄마는 옷을 다 빨았다.

㉤ 위의 네 가지 조건에 들지 않을 경우, 어기조사 '了'를 목적어 바로 뒤에 써야만 완료태 문장이 완성된다. 이 경우에는 완료태 조사 '了'는 생략되며, 어기조사 '了'가 동작의 완성과 새로운 변화를 동시에 나타낸다.

㊒ 他看(了)书了。 그는 책을 보았다.
　我做(了)练习了。 나는 연습문제를 풀었다.
　他吃(了)午饭了。 그는 점심을 먹었다.

(3) 다음과 같은 경우는 완료태 조사 '了'를 쓸 수 없다

① 습관적이며 주기적인 동작일 경우
㊒ 我在中国的时候每天学汉语。 나는 중국에 있었을 때 매일 중국어를 배웠다.
　我们每到节日都举行晚会。 우리는 명절이 될 때마다 파티를 연다.

② 동사가 刚·才·正在·总是·常常·经常·时常·一直·每 등의 시간부사의 수식을 받을 경우
㊒ 以前他常常来看我。 이전에 그는 자주 나를 만나러 왔다.
　他昨天才到。 그는 어제서야 도착했다.

③ 希望·盼望·感到·爱·恨·羡慕·想念·反对 등 완료의 의미를 갖지 않는 동사일 경우

④ 认为·以为 등 판단을 나타내는 동사일 경우

⑤ 是·在·姓·像 등 동사적 성질이 강하지 않은 동사일 경우

⑥ 문장에 应该·可以·要·想 등 조동사가 있을 경우

⑦ 문장에 有(的)时候·有时 등 불분명한 시간사가 있을 경우

※ '了 (완료태 조사)'와 '过 (경험태 조사)'의 용법비교

(1) '了'는 동작의 완성을, '过'는 경험을 강조한다.
㊒ 我看了这本小说, 还不错。나는 이 소설을 읽었는데, 그런대로 괜찮다.
　我看过这本小说, 还不错。나는 이 소설을 읽은 적이 있는데, 그런대로 괜찮다.

(2) '了'는 동작이 완성되어 현재까지 지속됨을 나타낼 수도 있으나, '过'는 과거의 상황이 현재까지 지속됨을 나타낼 수 없다.
㊒ 他去年跟爸爸去了中国。 그는 작년에 아빠와 중국에 갔다.
　他去年跟爸爸去过中国。 그는 작년에 아빠와 중국에 간 적이 있다.

(3) '了'는 어느 정도의 결과가 있음을 나타내지만, '过'는 반드시 결과가 있음을 나타내지는 않는다.

㉮ 他学了游泳。그는 수영을 배웠다. (할 줄 안다는 의미가 함축)
他学过游泳。그는 수영을 배운 적이 있다 (할 수 있을 수도 있고 모를 수도 있음)

4) 동사의 태(3)-지속태

(1) 상태의 지속(~하여 있다) : 동사 뒤에 동태조사 '着'을 붙이면, 동작이나 상태가 지속됨을 나타낸다. 진행태와 구별한다면, 진행태는 '~하면서 있다'와 같이 동작이 움직이며, 지속태는 '~하고 있다'로서 동작의 움직임이 없다.

〈형식〉

긍정형:	주어 + 동사 + 着~ + (呢)。(~하여 있다, ~하고 있다)
부정형:	주어 + 没(有) + 동사 + 着~。(~여 있지 않다)
의문형:	주어 + 동사 + 着~ + 吗? (~이 있습니까?)
	주어 + 동사 + 着~ + 没有? (정반형)
	주어 + 동사 + 着 + 没 + 동사 + 着~? (정반형)

㉮

긍정형

门开着呢。 문이 열려져 있다.

他在床上躺着。 그는 침상에 누워 있다.

桌子上放着一本书。 탁자 위에 책 한 권이 놓여 있다.

부정형

부정형은 '没(有)~着'이다

他没躺着, 坐着呢。 그는 누워 있지 않고, 앉아 있다.

收音机没开着。 라디오가 켜져 있지 않습니다.

의문형

정반의문형은 '～着没有?' 이다.

门锁着吗? 문이 잠겨 있습니까?

小卖部的门开着没有? 매점 문은 열려 있습니까?

收音机开着没开着? 라디오가 켜져 있습니까?

(2) 동작의 방식(～하면서～하다) : 첫 번째 동작이 두 번째 동작의 방식을 나타낸다.

〈형식〉

주어 + 동사1 + 着 + (목적어) + 동사2 + (목적어)

예 他骑着车上班。 그는 자전거를 타고 출근한다.
她听着音乐走路。 그녀는 음악을 들으면서 길을 걷는다.
他喜欢站着上课。 그는 서서 수업하는 것을 좋아한다.

5) 연합복문(1)-병렬관계(2)

(1) '一边(儿)A, 一边(儿)B'(한편으로 A 하면서, 한편으로 B 하다)

A, B 두 동작이 동시에 진행됨을 나타낸다. 주어가 같을 수도 다를 수도 있으며, 이 때 '一面 A, 一面 B'로 대체할 수 있다. 일반적으로 구어체에서는 '一边(儿) A, 一边(儿) B'를, 문어체에서는 '一面 A, 一面 B'를 쓴다.

예 爸爸一边儿喝茶, 一边儿看报纸。 아빠는 차를 마시면서 신문을 보신다.
我们在这里一边儿工作, 一边儿学习。 우리는 여기에서 일하며 공부한다.
她一边儿哼歌, 一边儿打扫房间。 그녀는 노래를 흥얼거리며 방을 청소한다.
他们一面唱歌, 一面跳舞。 그들은 노래를 부르며 춤춘다.
他一面上学, 一面打工, 很辛苦。그는 한편으로는 학교에 다니면서, 한편으로는 아르바이트하느라 매우 고생한다.

※ 주어가 동일하고, 술어가 단음절 동사일 경우, '一边'은 '边'으로 줄여 쓴다.

㉮ 他边写, 边念。그는 쓰면서 읽는다.

※ '一边～, 一边～'은 구체적인 동작에만 쓰지만, '一面～, 一面～'은 추상적인 동작에도 쓴다.

㉮ 大家一面喝茶, 一面聊天。모두들 차를 마시면서, 이야기를 나누고 있다.

EXERCICE

1. 다음 문장을 읽으세요.

1) 我正在做作业呢。

2) 我在一边喝茶，一边看书呢。

3) 在椅子上趴着睡觉呢。

4) 我买了两本书。

5) 有时候学习，有时候玩儿。

6) 上网玩儿。

7) 你在这儿等着，我去买票。

2. 다음 문장으로 문답을 연습하세요.

1) A: 你在干什么呢?

B: ____________________

2) A: 今天上午你做什么了?

B: ____________________

3) A: 晚上你一般干什么?

B: ____________________

4) A: 你一般玩儿什么?

B: ____________________

5) A: 你最喜欢看什么电视节目?

B: ____________________

6) A: 你来中国以后去电影院看过电影没有?

B: ____________________

7) A: 现在在上演什么好片子?

B: ____________________

보충어휘

영화 · 영극

电影节 diànyǐngjié : 영화제
电影院 diànyǐngyuàn : 영화관
排 pái : 열
号 hào : 번
预售票 yùshòupiào : 예매권
爆米花 bàomǐhuā : 팝콘
中国片 zhōngguópiàn : 중국영화
大陆片 dàlùpiàn : 중국본토영화
港台片 gǎngtáipiàn : 홍콩대만영화
外国片 wàiguópiàn : 외국영화
现代片 xiàndàipiàn : 현대영화
爱情片 àiqíngpiàn : 멜로영화
科幻片 kēhuànpiàn : SF영화
动作片 dòngzuòpiàn : 액션영화
武侠片 wǔxiápiàn : 무협영화
= 功夫片 gōngfupiàn

导演 dǎoyǎn : 감독
影星 yǐngxīng : 영화스타
影迷 yǐngmí : 영화팬
演技派 yǎnjìpài : 연기파
演员 yǎnyuán : 배우
女演员 nǚyǎnyuán : 여배우
主角 zhǔjué : 주인공
女主角 nǚzhǔjué : 여주인공
配角 pèijué : 조연
情节 qíngjié : 줄거리
字幕 zìmù : 자막
主演 zhǔyǎn : 주연(하다)
表演 biǎoyǎn : 연기하다

연극

剧场 jùchǎng : 극장
京剧 jīngjù : 경극

演出 yǎnchū : 공연(하다)

곡예

杂技 zájì : 잡기, 곡예 = 马戏 mǎxì
戏法 xìfǎ : 마술 = 魔术 móshù
空中飞人 kōngzhōngfēirén : 공중곡예

车技 chējì : 자전거곡예
走钢丝 zǒugāngsī : 줄타기
狮子舞 shīziwǔ : 사자무

예술

展览馆 zhǎnlǎnguǎn ： 전람회
美术馆 měishùguǎn ： 미술관
博物馆 bówùguǎn ： 박물관
画家 huàjiā ： 화가
杰作 jiézuò ： 걸작
雕刻 diāokè ： 조각(하다)
展示 zhǎnshì ： 전시(하다)
欣赏 xīnshǎng ： 감상(하다)

음악

节目单 jiémùdān ： 프로그램
音乐 yīnyuè ： 음악
歌曲 gēqǔ ： 곡조
歌词 gēcí ： 가사
节奏 jiézòu ： 리듬, 박자
歌手 gēshǒu ： 가수
独唱 dúchàng ： 독창(하다)
合唱 héchàng ： 합창(하다)
开幕 kāimù ： 개막(하다)
闭幕 bìmù ： 폐막(하다)
乐队 yuèduì ： 악단
布景 bùjǐng ： 배경
音响 yīnxiǎng ： 음향

악기

乐器 yuèqì ： 악기
钢琴 gāngqín ： 피아노
吉他 jítā ： 기타
小提琴 xiǎotíqín ： 바이올린
大提琴 dàtíqín ： 첼로
土笛 tǔdí ： 오카리나
长笛 chángdí ： 플루트
口琴 kǒuqín ： 하모니카
萨克斯 sàkèsī ： 색소폰
小号 xiǎohào ： 트럼펫
洋鼓 yánggǔ ： 드럼
锣 luó ： 징
鼓 gǔ ： 북
笛子 dízi ： 피리
唢呐 suǒnà ： 날라리
喇叭 lǎba ： 나팔
箫 xiāo ： 퉁소
古筝 gǔzhēng ： 쟁
琵琶 pípá ： 비파

부록

중국노래 1 〈甜蜜蜜〉

2 〈月亮代表我的心〉

3 〈朋友〉

본문해석

1 甜蜜蜜

甜 蜜 蜜　　달콤해요 tián mì mì	唱 : 鄧 丽 君 Chàng : Dèng lì jūn
甜 蜜 蜜, 你 笑 得 甜 蜜 蜜,	tián mì mì, nǐ xiào de tián mì mì. 달콤해요, 당신의 웃음은 아주 달콤해요,
好 像 花 儿 开 在 春 风 里,	hǎo xiàng huār kāi zài chūn fēng li. 봄바람 속에서 피는 꽃처럼 말이죠,
开 在 春 风 里。	kāi zài chūn fēng li. 봄바람 속에서 피는 꽃처럼.
※ 在 哪 里、在 哪 里 见 过 你?	zài nǎ li zài nǎ li jiàn guò nǐ? 어디에서 어디에서 당신을 만났었죠?
你 的 笑 容 这 样 熟 悉,	nǐ di xiào róng zhè yàng shú xī, 당신의 웃는 얼굴이 무척 낯익어요.
我 一 时 想 不 起。	wǒ yī shí xiǎng bù qǐ. 잠시 생각이 나지 않네요.
啊! 在 梦 里。	ā! zài mèng li. 아! 꿈속에서 봤어요.
※ 梦 里、梦 里 见 过 你。	mèng li、mèng li jiàn guò nǐ. 꿈속에서 꿈속에서 그댈 보았어요.
甜 蜜, 笑 得 多 甜 蜜,	tián mì, xiào de duō tián mì, 아주 아주 달콤한 당신의 미소를,
是 你, 是 你, 梦 见 的 就 是 你。	shì nǐ shì nǐ, mèng jiàn de jiù shì nǐ. 당신이었군요, 당신이었군요, 꿈 속에서 만난 사람이 바로 당신이었군요.

2 月亮代表我的心

月亮代表我的心 yuè liang dài biǎo wǒ di xīn	달빛이 제 마음이에요	唱: 鄧 丽 君 Chàng : Dèng lì jūn

你 问 我 爱 你 有 多 深,	nǐ wèn wǒ ài nǐ yǒu duō shēn 당신은 내가 당신을 얼마나 사랑하는지 물었죠
我 爱 你 有 几 分。	wǒ ài nǐ yǒu jǐ fēn 내가 당신을 얼마나 사랑하는지
我 的 情 也 真, 我 的 爱 也 真。	wǒ di qíng yě zhēn, wǒ di ài yě zhēn 내 마음도 진실이고, 내 사랑도 진심이에요.
月 亮 代 表 我 的 心。	yuè liang dài biǎo wǒ di xīn 달빛이 제 마음이에요.
你 问 我 爱 你 有 多 深,	nǐ wèn wǒ ài nǐ yǒu duō shēn 당신은 내가 당신을 얼마나 사랑하는지 물었죠
我 爱 你 有 几 分。	wǒ ài nǐ yǒu jǐ fēn 내가 당신을 얼마나 사랑하는지
我 的 情 不 移, 我 的 爱 不 变。	wǒ di qíng bù yí, wǒ di ài bù biàn 내 마음은 변치 않아요, 내 사랑도 변치 않아요.
月 亮 代 表 我 的 心。	yuè liang dài biǎo wǒ di xīn 달빛이 제 마음이에요.
轻 轻 的 一 个 吻,	qīng qīng di yī ge wěn 부드러운 입맞춤은
已 经 打 动 我 的 心。	yǐ jīng dǎ dòng wǒ di xīn 이미 내 마음을 흔들어 놓았어요
深 深 的 一 段 情,	shēn shēn di yī duàn qíng 깊은 사랑은
教 我 思 念 到 如 今。	jiāo wǒ sī niàn dào rú jīn 지금까지도 당신을 그립게 하네요.
你 问 我 爱 你 有 多 深,	nǐ wèn wǒ ài nǐ yǒu duō shēn 당신은 내가 당신을 얼마나 사랑하는지 물었죠
我 爱 你 有 几 分。	wǒ ài nǐ yǒu jǐ fēn 내가 당신을 얼마나 사랑하는지
你 去 想 一 想, 你 去 看 一 看。	nǐ qù xiǎng yī xiǎng, nǐ qù kàn yī kàn 당신이 한번 생각해 봐요, 당신이 한번 보세요
月 亮 代 表 我 的 心。	yuè liang dài biǎo wǒ di xīn 달빛이 제 마음이에요.

3 朋友

朋友 péng you	친 구	唱 ： 周 华 健 Chàng : Zhōu huá jiàn

这些年，一个人，
zhè xiē nián, yī ge rén
혼자서 몇 년간,

风也过，雨也走。
fēng yě guò, yǔ yě zǒu
비바람을 겪었지.

有过泪，有过错，
yǒu guò lèi, yǒu guò cuò
눈물도 흘렸고, 잘못도 저질렀지만,

还记得坚持什么。
hái jì de jiān chí shén me
무엇을 지켜야 하는지 아직도 기억해.

真爱过，才会懂。
zhēn ài guo, cái huì dǒng
진심으로 사랑했기에, 이제서야 이해할 수 있었어.

会寂寞，会回首，
huì jì mò, huì huí shǒu
외로울 수도 있고, 그리워할 수도 있겠지만,

终有梦，终有你，在心中。
zhōng yǒu mèng, zhōng yǒu nǐ, zài xīn zhōng
내 마음속 깊은 곳에 결국엔 꿈이 있고, 결국엔 네가 있다는 걸.

朋友一生一起走，
péng you yī shēng yī qǐ zǒu
친구여! 일생을 함께 하자꾸나,

那些日子不再有。
nà xiē rì zi bù zài yǒu
그 날들이 다시는 올 수 없겠지만.

一句话，一辈子，
yī jù huà, yī bèi zi
그 한 마디 말에 인생을 걸고,

一生情，一杯酒。
yī shēng qíng, yī bēi jiǔ
한평생 우정을 술 한잔에 담네

朋友不曾孤单过，
péng you bù céng gū dān guo
친구여! 외롭진 않았어,

一声朋友，你会懂。
yī shēng péng you, nǐ huì dǒng
친구란 그 한마디, 너도 이해할 수 있겠지

还有伤，还有痛，
hái yǒu shāng, hái yǒu tòng
상처도, 고통도 함께 했잖아,

还要走，还有我！
hái yào zǒu, hái yǒu wǒ
그래도 떠나려한다면, 내가 있다는 걸 항상 기억해!

본문해석

제1과 안녕하세요!

1)
A : 안녕하세요!
B : 안녕하세요!

2)
A : 잘 지내니?
B : 잘 지내. 너는?
A : 나도 잘 지내. 바쁘니?
B : 그다지 바쁘지 않아.

3)
A : 감사합니다.
B : 천만에요.

4)
A : 미안합니다.
B : 괜찮습니다.

5)
A : 안녕히 가세요! (잘 가!)
B : 안녕히 가세요! (잘 가!)

제2과 당신은 이름이 무엇입니까?

1)
A : 안녕! 나는 왕명이라고 합니다. 당신은 이름이 무엇입니까?
B : 나는 이화라고 합니다.
A : 당신을 알게 되어 무척 기쁩니다.
B : 당신을 알게 되어 저도 무척 기쁩니다.

2)
A : 여러분 안녕하세요!
B : 선생님 안녕하세요! 실례하지만, 당신은 성이 무엇입니까?
A : 저는 왕 씨입니다. 당신은 성이 무엇입니까?
B : 저는 이 씨입니다.
A : 당신은 이름이 무엇입니까?
B : 저는 이화라고 합니다.

3)
A : 안녕!
B : 안녕!
A : 오랜만이야. 요새 공부하느라 바쁘니?
B : 매우 바빠. 너는?
A : 난 그다지 바쁘지 않아. 너의 룸메이트도 잘 지내니?
B : 그도 잘 지내.
A : 내 대신 안부 좀 전해 줘.

제3과 제가 소개 좀 하겠습니다.

1)
A : 제가 소개 좀 하겠습니다. 이쪽은 이 양입니다.
B : 안녕하세요! 이 양. 이것은 저의 명함입니다.
C : 저는 이화라고 합니다. 당신을 만나서 무척 기쁩니다.
B : 당신을 만나서 저도 무척 기쁩니다.
C : 처음 뵙겠습니다. 잘 부탁드립니다.
B : 천만에요.

2)
A : 당신은 어느 나라 사람입니까?
B : 저는 한국 사람입니다. 당신은요?
A : 저는 미국 사람입니다.
B : 그는 누구입니까?
A : 그는 나의 친구입니다.
B : 그도 미국 사람입니까?
A : 그는 미국 사람이 아니라, 프랑스 사람입니다.

제4과 저는 찐빵을 먹고 싶습니다.

1)
A : 이것은 무엇입니까?
B : 이것은 중국어 책입니다.
A : 이것은 누구의 중국어 책입니까?
B : 이것은 나의 중국어 책입니다.
A : 저것은 연필입니까?
B : 저것은 연필이 아니라, 저것은 볼펜입니다.

2)
A : 당신은 무엇을 먹고 싶습니까?
B : 저는 찐빵을 먹고 싶습니다.
A : 이것들은 무엇입니까?
B : 이것은 물만두이고, 저것은 (소 있는) 찐빵입니다.

3)
A : 당신은 콜라를 마시겠어요, 아니면 커피를 마시겠어요?
B : 저는 콜라를 마실게요. 당신은요?
A : 저는 커피를 마실게요.

제5과 모두 얼마입니까?

1)

A : 저는 생수를 사려고 합니다.
B : 몇 병요?
A : 두 병요. 모두 얼마입니까?
B : 모두 7원입니다.
A : 여기 있습니다.

2)

A : 당신은 무엇을 찾으세요?
B : 바나나 사려고요. 어떻게 팝니까?
A : 1kg에 2원 50전입니다. 이것은 싸고도 맛있습니다. 맛 한 번 보세요. 얼마나 원하세요?
B : 이렇게 비싸다니, 좀 싸게 할 수 있나요?
A : 1kg에 2원 주세요, 됐죠.
B : 좋아요. 두 근 주세요. 여기 5원 입니다.
A : 1원 거슬러 드릴테니 세어보세요.

3)

A : 저는 옷 한 벌 사려고 합니다.
B : 얼마짜리 옷을 사려고 합니까?
A : 2, 3백원 짜리요.
B : 이 옷 한 번 보세요, 품질도 좋고, 가격도 쌉니다.
A : 다른 색상은 없습니까?
B : 저 노란색 옷은 어떻습니까?
A : 정말 예쁘군요! 한 번 입어 봐도 됩니까?
B : 예.
A : 아주 좋네요. 이 옷을 사죠. 얼마입니까?
B : 160원입니다.
A : 너무 비싸요! 좀 싸게 해 주실 수 없습니까?
B : 150원은 어떻습니까?
A : 좋아요. 여기 200원입니다.
B : 50원 거슬러드립니다. 감사합니다.

4)

A : 나는 스프링코트를 한 벌 사고 싶은데, 거리에 나갈 시간이 없어.
B : 급할 거 뭐 있어! 우리 인터넷으로 한번 보자.
A : 맞다! 인터넷으로 올해 어떤 새 디자인이 있는지 찾아봐야겠어.
B : 사실 난 자주 인터넷에서 옷을 사.

제6과 지금 몇 시니?

1)

A : 지금 몇 시니?
B : 7시 15분이야.
A : 오늘 몇 시에 수업을 시작하니?
B : 아침 7시 반이야.
A : 빨리 가야겠어, 늦지 않도록.

2)

A : 당신은 아침 몇 시에 기상합니까?
B : 7시 5분전에요.
A : 저녁 몇 시에 잡니까?
B : 11시 반에 잡니다.

3)

A : 저녁에 같이 식사하는 거 어때요?
B : 좋아요. 우리 몇 시에 만날까요?
A : 다섯 시 반 어때요?
B : 너무 빠르네요. 6시 15분에 만납시다.
A : 좋아요. 6시 15분에 교문에서 만납시다.
B : 꼭.

제7과 오늘은 몇 월 며칠이니?

1)

A : 오늘은 몇 월 며칠이니?
B : 오늘은 6월 25일이야.
A : 너의 생일은 몇 월 며칠이니?
B : 아직 2일 남았어. 6월 27일이야.
A : 그럼 모레가 너의 생일이구나, 그렇지?
B : 맞아. 모레 우리 집에 놀러 와.
A : 반드시 갈게.

2)

A : 오늘은 무슨 요일 입니까?
B : 오늘은 수요일입니다.
A : 당신은 언제 수업이 있습니까?
B : 월요일부터 금요일까지 모두 수업이 있습니다.
A : 수요일에 당신은 문법수업이 있습니까?
B : 없습니다. 화요일에 문법수업이 있습니다.
A : 당신은 무슨 요일에 수업이 없습니까?
B : 토요일과 일요일에요.

제8과 너 올해 몇 살이니?

1)

A : 왕명, 너 올해 몇 살이니?

B : 나는 올해 스무 살이야. 너는?

A : 나는 스물한 살이야. 너는 나보다 한 살 어리구나.

B : 너는 무슨 띠니?

A : 토끼띠야.

2)

A : 왕명, 금년 너의 할머니는 연세가 어떻게 되시니?

B : 금년에 일흔이 조금 넘으셨어.

A : 할머니는 언제 출생하셨니?

B : 1946년 9월 25일생이셔.

A : 나는 60쯤 되시는 줄 알았어?

B : 진짜냐? 고마워.

제9과 당신 집은 식구가 몇 명입니까?

1)

A : 당신 집은 식구가 몇 명입니까?

B : 모두 다섯 명 입니다.

A : 누가 누가 있습니까?

B : 아빠, 엄마, 형, 누나 그리고 저입니다.

A : 당신의 아빠는 어디에서 일하십니까?

B : 아빠는 병원에서 근무하시며, 의사입니다.

A : 엄마는 무슨 일 하십니까?

B : 엄마는 고등학교 선생님입니다.

2)

A : 형은 결혼했습니까?

B : 이미 결혼했습니다.

A : 그는 아이가 몇 명 있습니까?

B : 딸 하나 있습니다.

A : 딸은 몇 살입니까?

B : 일곱 살입니다.

A : 형수도 일합니까?

B : 네. 그들은 맞벌이입니다.

A : 그럼, 아이는 누가 돌봅니까?

B : 외할머니가 돌보십니다.

제10과 당신의 집은 어디입니까?

1)

A : 당신의 집은 어디입니까?

B : 시내에 있습니다.

A : 여기에서 멉니까?

B : 그다지 멀지 않습니다.

A : 일요일에 놀러 가도 됩니까?

B : 예. 놀러 오시는 것을 환영합니다.

2)

A : 실례지만, 학교에 서점이 있습니까?

B : 당연히 있지요.

A : 어디에 있어요?

B : 바로 교문 옆에 있습니다.

3)

A : 너는 어디서 살고 있니?

B : 나는 학교 유학생동에 살고 있어.

A : 몇 동이니?

B : 8동 3현관이야

A : 몇 호실인데?

B : 609호실이야.

A : 기숙사에 에어컨은 있니?

B : 응.

제11과 당신의 취미는 무엇입니까?

1)

A : 당신의 취미는 무엇입니까?

B : 저는 탁구 치는 것을 좋아합니다. 당신은요?

A : 저는 축구, 농구, 테니스 모두 좋아합니다. 그 중에서 축구를 가장 좋아합니다.

B : 당신은 축구를 잘하십니까?

A : 저는 그다지 잘하지 못 합니다. 당신은 탁구 이외에, 또 무엇을 좋아합니까?

B : 저는 피아노 치고, 노래하는 것도 좋아합니다.

A : 당신의 취미가 그렇게 다양한 줄 몰랐어요.

2)

A : 너 주말 어떻게 보낼 거니?

B : 등산할거야. 너는?

A : 나는 아직 아무런 계획이 없어.

B : 그럼 우리 함께 가자.

A : 나는 안 가.

B : 왜? 등산하는 거 싫니?

A : 등산은 너무 피곤해. 나는 영화 보는 거 좋아해.

본문해석

제12과 너는 지금 뭐하고 있니?

1)
A : 너는 지금 뭐하고 있니?
B : 나는 지금 숙제하고 있어. 너는?
A : 나는 차를 마시면서 책을 보고 있어.
B : 강아지는?
A : 의자 위에 엎드려 자고 있어.

2)
A : 오늘 오전에 너는 무엇을 했니?
B : 나는 책을 사러 갔었어.
A : 책 몇 권을 샀니?
B : 두 권 샀어.

3)
A : 저녁에 너는 평소에 무엇을 해?
B : 일정치 않아. 어떤 때는 공부하고 어떤 때는 놀아.
A : 너는 보통 무엇을 하며 노는데?
B : 인터넷 접속해서 놀아. 너는?
A : 나는 TV보는 것을 좋아해.
B : 어떤 프로그램 보는 것을 가장 좋아해?
A : 나는 운동프로그램 보는 것을 가장 좋아해.

4)
A : 너는 여기서 기다리고 있어, 난 표를 사러 갈게.
B : 《인재경도》 7시 것, 세 장 주세요.
A : 네가 가지고 있어, 난 화장실 좀 다녀올게.
B : 서둘러! 이화가 매점 입구에서 기다리고 있어.